Adolf Heinzlmeier

Marlene

Die Biografie

Europa Verlag Hamburg/Wien

 **Filmbibliothek**

Herausgegeben von Andreas C. Knigge

Die Deutsche Bibliothek – CIP-Einheitsaufnahme

Ein Titeldatensatz für diese Publikation ist bei
Der Deutschen Bibliothek erhältlich.

Originalausgabe
© Europa Verlag GmbH Hamburg/Wien, Januar 2000
2. Auflage Februar 2000
Lektorat: Andreas C. Knigge
Umschlaggestaltung: Kathrin Steigerwald, Hamburg
Layout und Herstellung: Ulrike Theilig | Das Herstellungsbüro
Druck: Fuldaer Verlagsanstalt
ISBN 3-203-84102-9

Inhalt

Vorspann: Weltstar Marlene

»Nimm dich in Acht vor blonden Frauen«, sang Marlene Dietrich, »sie haben so etwas Gewisses.« Und sie meinte es auch so. Marlene war eine Reizfigur, voller Widersprüche und nie wieder erreicht in ihrer strahlenden Schönheit, unser einziger Weltstar, eine Unsterbliche des Kinos. Ihr gelang, was kaum je einem Star gelang: Sie machte zwei Weltkarrieren. Als glamouröses Kino-Idol ging sie in die Filmgeschichte ein, und als Chansonette riss sie ihr Publikum zwischen Paris, Moskau und New York zu Begeisterungsstürmen hin.

Marlenes Leben wurde zuerst geprägt vom wilden Berlin der zwanziger Jahre, einer Welt der künstlerischen Avantgarde, die zur großen Bühne für Schauspieler und Dichter, Gigolos, Paradiesvögel und selbst ernannte Genies wurde. Dann leuchtete ihr »Entdecker« Josef von Sternberg ihr Gesicht neu aus, machte sie in Hollywood zur »preußischen Madonna«, die mit ihrer überirdischen Schönheit die Filmwelt verzauberte. Filmhistorisch wird sie bei den berüchtigten »Vamps« eingeordnet, die angeblich den Männern »das Blut aussaugten«, sie ruinierten. Zeitgeschichtlich gehört Marlene zu den großen Gestalten des 20. Jahrhunderts, und obwohl sie sich gern über die »Emanzen« lustig machte, lebte sie ihr Leben in Freiheit und nach eigenen Regeln. Dabei hielt sie gesellschaftliche Konventionen nur zum Schein ein.

Sie hat gefilmt und gesungen, und sie wurde verehrt, geschmäht und gefeiert. Während des »Dritten Reichs« war sie eine Verfemte, so konnte ich erst lange nach dem Zweiten Weltkrieg Bekanntschaft mit ihren Filmen machen. Zuerst war ich hingerissen von ihr als geheimnisvoller Barsängerin in Frack und Zylinder in *Marokko*, jenem in einem fernen

Land spielenden Film, der sie in Hollywood berühmt gemacht hat. Seither gehöre ich zu den Marlene-Verehrern. Einem breiten Publikum bekannt wurden vor allem Filme wie *Zeugin der Anklage*, ihre rätselhafte Schönheit erstrahlte aber in frühen Werken wie *Shanghai Express* oder *Engel* (in dem sie auch ihr komödiantisches Talent beweisen konnte).

Privat hat Marlene das Schauspiel ihres Lebens genial inszeniert, Sieg und Niederlage, Glanz und Gloria bis zur Neige ausgekostet. Sie beherrschte die Kunst, ihr ungezügeltes Liebesleben unter der Decke zu halten – damals wäre daraus eine *chronique scandaleuse* geworden, heute kräht kein Hahn danach. Ihr Leben erstrahlte in allen Farben, nur nicht in Einheitsgrau, es war rosarot, giftgrün und himmelblau.

Das vorliegende Buch schildert Marlenes Anfänge, beschreibt ihre Filme, ihr Emigrantenschicksal, ihr Heimweh, die Begegnungen mit anderen Berühmtheiten, ihre Gefühle und Gedanken. So formt sich ihr Mythos, ihr Charakter in all seiner faszinierenden Widersprüchlichkeit – entsteht das außergewöhnliche Porträt der Marlene Dietrich.

Neu an dieser Darstellung heute ist die größere Distanz zu der großen Diva, und das nicht nur zeitlich. Sie wird entmystifiziert, die dunklen Seiten ihres Charakters sollen nicht länger verborgen bleiben. Der Lack an ihrem Mythos mag zwar angekratzt werden, sein Glanz strahlt dennoch weiter. Ein Beweis dafür ist nicht zuletzt Joseph Vilsmaiers Film *Marlene*, der ihr Leben noch einmal auf der Leinwand nacherzählt. Die Legende lebt.

Aufblende: Die Entdeckung

Das Drehbuch zu Marlenes Entdeckung schrieb ein Unbekannter im Stil eines Trivialromans mit viel Sinn für Humor. Dazu mixte er ein paar überraschende Wendungen, den klassischen Spannungsbogen und ein Happy End à la Hollywood.

»Nie zuvor bin ich einer so schönen Frau begegnet, die so falsch eingeschätzt und unterbewertet wurde, der Frau, die die Welt verzaubern sollte.«
JOSEF VON STERNBERG

Der Produzent Erich Pommer plante bei der Ufa Ende der zwanziger Jahre einen Film mit Emil Jannings in der Hauptrolle. Der Star schlägt »Rasputin« als Stoff vor, für die Regie ist Ernst Lubitsch vorgesehen; als der absagt, einigt man sich auf Josef von Sternberg, mit dem Jannings bereits in Hollywood bei Paramount Pictures zusammen gearbeitet hat, als neuen Regisseur. Am 16. August 1929 trifft Sternberg aus den USA kommend am Bahnhof Zoologischer Garten in Berlin ein, Pommer und Jannings nehmen ihn in Empfang. Der Regisseur zeigt allerdings keinerlei Interesse an »Rasputin«. Emil Jannings schlägt vor, Heinrich Manns »Professor Unrat« zu verfilmen: Der satirische Roman war 1905 erschienen und nahm die verlogene Spießermoral und Heuchelei der Wilhelminischen Ära aufs Korn.

Die Idee gefällt Sternberg, die Ufa setzt sich mit dem Romancier in Verbindung. Heinrich Mann ist für ein Honorar von 25 000 Reichsmark mit der Verfilmung einverstanden, weitere 10 000 soll er bekommen, falls der Film eine amerikanische Premiere erlebt.

Die Geschichte vom Professor und dem Tingeltangel-Mädchen Lola Lola spielt 1900 in einer deutschen Kleinstadt. Der Gymnasiallehrer »Professor« Rath unterrichtet seine Schüler autoritär, bringt ihnen Zucht und Ordnung bei. Sie zittern vor ihm, mit stechendem Blick hält er sie in Schach. Dann entdeckt er Fotokarten eines »leichten Mädchens«, die unter den Schülern kursieren. Einige der Burschen frequentieren das Amüsierlokal »Der blaue Engel«, wo diese Lola Lola sie verdirbt. So ein skandalöses Treiben will er unterbinden, sich zuerst aber selber ein Bild von der Dame machen.

Man hofiert den Professor in der Kaschemme, die »freche Lola« umschmeichelt ihn in ihrer Garderobe. Auf der Bühne singt sie breitbeinig, in Strapsen und Reizwäsche, ihr Lied von den Männern, die sie umschwirren wie Motten das Licht, »und wenn sie verbrennen, ja dafür kann ich nichts«. Und »Nimm dich in Acht vor blonden Frauen«. Doch der Professor schlägt diesen Rat in den Wind, und eines Morgens erwacht er in Lolas Bett. Seine Schüler beobachten ihn durch eine Bodenluke, später malen sie Karikaturen vom Professor und »seiner« Lola auf die Tafel. Der Lehrer muss den Schuldienst quittieren, macht Lola einen Heiratsantrag. Sie findet das lustig, Lachkaskaden brechen aus ihr heraus: Hochzeit im Tingeltangel.

Jahre später hat das Artistenleben Rath mürbe gemacht, er verkommt mehr und mehr, und gleichzeitig macht sich der Athlet Mazeppa an Lola heran. Als die Truppe wieder in seinem Heimatort gastiert, soll das »Professorchen« den Clown mimen. Er weigert sich, aber es nützt nichts. Der Zauberer zerdeppert ein Ei auf seinem Kopf, dann noch eins, Rath muss krähen wie ein Hahn(rei). Das Publikum tobt. Professor »Un«rath torkelt in seine alte Schule zurück, stirbt auf dem Katheder. Als Musik erklingt leitmotivisch mehrmals »Üb immer Treu und Redlichkeit«, der Professor wirkt altmodisch-betulich, Lola Lola spielt forsch-frech, die Kulissen der verwinkelten Gassen mit den schiefen Perspektiven erinnern an den expressionistischen deutschen Stummfilm.

Der blaue Engel macht Heinrich Mann international bekannt. Außer ihm und Josef von Sternberg haben Carl

Marlene Dietrich, Hans Albers und Kurt Gerron in »Der blaue Engel«

Zuckmayer, Karl Vollmoeller und Robert Liebmann an dem Drehbuch gearbeitet; wer welchen Anteil hat, lässt sich heute nicht mehr klären. Auch der Stab mit den Kameraleuten Rittau und Schneeberger, den Architekten Hunte und Hasler und dem genialen Tonmeister Fritz Thierry bürgt für Qualität.

Alle wichtigen Rollen sind bereits besetzt: Emil Jannings als Professor Rath, Kurt Gerron als Direktor des Etablissements und Hans Albers als Artist Mazeppa – nur für Lola Lola findet sich keine geeignete Schauspielerin. Die besten Karten, die Rolle zu bekommen, hat Lucie Mannheim, auch La Jana und Trude Hesterberg kommen in Frage. Josef von Sternberg: »Abgesehen von dieser einen Rolle war die Besetzung des Films schon komplett ... Berlin platzte damals fast aus den Nähten, so viele mollige Schauspielerinnen gab es in der Stadt, aber bei keiner saßen die Polster an jenen Stellen, auf denen die Augen eines Betrachters mit Wohlgefallen verweilen. Für die Rolle der Lola schwebte mir ein ganz besonderer Frauentypus vor. Und da keine der Bewerberinnen meinen Vorstellungen entsprach, sah ich mich gezwungen, eine nach der anderen abzulehnen.«[1]

Die Frage nach der Besetzung der weiblichen Hauptrolle war für den Regisseur ausschlaggebend für den Erfolg des »Spitzenfilms, der eine Weltmarke, schon durch die fundierte Basis der Produktion«[2] werden sollte. Schließlich hatte Heinrich Mann in seinem Buch auch »die brillante Schilderung einer amoralischen Frau geliefert, deren Körper einem Gymnasialprofessor zum Verderben wird«[3]. Vor seinem inneren Auge sah Josef von Sternberg die Gestalt einer Frau, wie sie Félicien Rops im vergangenen Jahrhundert gezeichnet haben könnte, bei deren Anblick sogar Toulouse-Lautrec einen Freudentanz vollführt hätte.

Die Damen, die in seinem Büro aufmarschieren, entfalten zwar durchaus bestimmte Reize, »wären sie bloß in einer einzigen Person zusammengekommen. Eine hatte die richtigen Augen, die Zweite einen anmutigen Gang, die dritte Beine ohne spitze Knie, und wieder eine andere hatte eine Stimme, die allerlei Teufeleien verhieß. Aber ich konnte mir nicht vorstellen, wie ein halbes Dutzend Frauen ein und dieselbe Rolle spielen sollte.«[4]

Der erste Drehtag steht bevor, im Filmteam macht sich Panikstimmung breit, weil Sternberg offensichtlich eine Frau sucht, die es gar nicht gibt. Doch schließlich findet der Regisseur in einem Katalog deutscher Schauspielerinnen das nichts sagende Foto eines »Fräulein Dietrich«. Der Regieassistent lehnt sie mit der Bemerkung ab: »Der Popo ist nicht schlecht, aber brauchen wir nicht auch ein Gesicht?«

Dann sieht Sternberg in dem Stück »Zwei Krawatten« von Georg Kaiser das Fräulein Dietrich leibhaftig auf der Bühne. Sie tritt so vermummt auf, dass man von ihrem Körper so gut wie nichts sieht. Aber sie hat genau das Gesicht, das er sucht. Sie lehnt voll kalter Verachtung seitlich an den Kulissen; und obwohl sie sicher wusste, dass Sternberg im Zuschauerraum sitzt, scheint ihr das ziemlich gleichgültig zu sein.

Am nächsten Tag versammelt der Regisseur seine Mitarbeiter und fragt, warum Marlene Dietrich ihm nicht als Anwärterin für die Hauptrolle vorgeführt worden sei. Die käme nicht in Frage, sie sei keine richtige Schauspielerin, lautet die einhellige Meinung. Sternberg verlangt, sie schnellstens herzuschaffen. Marlene kommt der Aufforderung nach, betritt im heliotropfarbenen Wintermantel, mit Hut, Handschuhen und Pelz bekleidet, gelangweilt das Büro. Ebenfalls anwesend sind der joviale Emil Jannings und Produzent Erich Pommer: Dann fordert Pommer Marlene auf, das Hütchen abzulegen und ein wenig auf und ab zu gehen. Sternberg: »Das gehörte bei der Vorstellung einer Schauspielerin zur üblichen Routine. Man will damit feststellen, ob sie vielleicht eine Glatze hat oder gar hinkt.« Und er berichtet in seinen Memoiren weiter: »Sie stand auf und trottete lustlos wie eine Kuh durch den kleinen Büroraum. Man musste fürchten, dass sie gegen ein Möbel rannte, so wenig achtete sie darauf, wohin sie trat.«[5]

Pommer und Jannings tauschen viel sagende Blicke und verlassen den Raum. Für sie scheint der Fall erledigt, jedoch nicht für Sternberg, der Marlene nun erklärt, dass er vorhabe, ihr die Hauptrolle der Lola zu übertragen. »Fräulein« Dietrich antwortet, sie könne überhaupt nicht schauspielern, niemand sei imstande, sie so zu fotografieren, dass sie sich selbst wieder erkennen würde. Jede andere Schauspielerin

Die Frau, nach der man sich sehnt

wäre angesichts dieses Angebots vor Aufregung über ihre Füße gefallen, hätte sich in ihrem engsten Pullover an den berühmten Regisseur geschmissen. Dass Marlene das Gegenteil tat, reizte Sternberg erst recht.

Aus ihrer Sicht sah die erste Begegnung mit ihrem Entdecker so aus: »Am Tag nach der Vorstellung von ›Zwei Krawatten‹ hatte von Sternberg ein Treffen mit den Direktoren der Ufa arrangiert. Der Empfang war eisig. ›Man‹ mochte mich nicht, man glaubte nicht an mich. Von Sternberg packte der Zorn. Wenn das so war, würde er in die Vereinigten Staaten zurückkehren! ... Ich war nicht unglücklich, denn es war mir gleichgültig, ob ich die Rolle bekam.«[6]

Ganz so gleichgültig war es ihr doch nicht, denn sie ließ Probeaufnahmen über sich ergehen, bei denen sie sich in ein »viel zu enges Paillettenkleid zwängen musste«, bei denen ihr die Haare »mit einer Brennschere aufgedreht wurden und Dampfwolken zur Zimmerdecke stiegen. Da fühlte ich mich zutiefst wehrlos und verzweifelt«. Josef von Sternberg bittet sie, die Strümpfe bis zum Knöchel herunterzurollen und ein Lied zu singen, dessen Noten sie eigentlich hätte dabei haben müssen, die sie aber vergessen hat: »Ich würde die Rolle ja doch nicht kriegen, wozu also ein Lied mit mir herumtragen?«[7]

Sternberg: »Wenn Sie kein Lied bei sich haben, singen Sie, was Sie wollen.« Marlene: »Ich mag amerikanische Lieder.« Sie beginnt, dem Pianisten zu erklären, was für ein Lied sie singen will. Er kennt es nicht. »Von Sternberg unterbrach mich in einem Ton, der keinen Widerspruch duldete: ›Das ist genau die Szene, die ich will. Das ist großartig. Ich werde Sie sofort filmen. Machen Sie noch einmal genau dasselbe, was Sie gerade mit dem Pianisten getan haben: Erklären Sie ihm, was er spielen soll, und singen Sie ihm Ihr Lied vor.‹«[8] Marlene singt dann: »Wer wird denn weinen, wenn man auseinander geht, wo an der nächsten Ecke schon ein andrer steht ...«.

So ähnlich erzählt es auch Sternberg in seinen Memoiren, allerdings unterscheidet sich seine Darstellung in einigen Details: »Da sie unvorbereitet zu den Probeaufnahmen kam und auch keinen Pianisten mitgebracht hatte, hätte sie nur das singen können, was sie kannte, und das war wenig genug. Ich schickte sie in die Garderobe, damit sie ihre Straßenkleidung gegen irgendeinen Flitterkram vertauschte. Sie kam in einem Kostüm zurück, in dem ein Nilpferd Platz gefunden hätte. Ich heftete das Kostüm notdürftig mit Sicherheitsnadeln zusammen und bat sie ... zu singen ... Nun kam sie gewissermaßen in den Schmelztiegel, wo sich ihr tatsächliches Erscheinungsbild mit der Wunschvorstellung verband, die ich von ihr hatte. Ich leuchtete sie solange aus, bis die alchimistische Verbindung vollzogen war.«[9]

Welche Kämpfe ihr Entdecker wegen ihres Engagements mit der Ufa führen musste, bis er sich durchgesetzt hatte, davon ahnte Marlene nichts. Nach einer Pause von einigen Wochen rief er sie an: Sie war als Lola Lola engagiert.

Vor Marlene hatte Sternberg Probeaufnahmen von Lucie Mannheim gedreht, einer charmanten und hübschen Schauspielerin, die in Begleitung eines jungen Musikers namens Friedrich Hollaender aufgetreten war; er sollte später die Filmmusik zum *Blauen Engel* schreiben. Als die Probeaufnahmen dem Filmteam vorgeführt wurden, stimmten alle einstimmig für Lucie Mannheim. Josef von Sternberg traute seinen Ohren nicht, denn für ihn waren die Aufnahmen der unwiderlegbare Beweis für Marlenes außerordentliche Persönlichkeit.

Erich Pommer beendete die Diskussion mit dem Hinweis, dass Sternberg für die Besetzung verantwortlich sei. Und in einem Tonfall, der Kassandra zur Ehre gereicht hätte, sagte Jannings leise, aber unüberhörbar zum Regisseur, er würde seinen Entschluss eines Tages noch bereuen.

Im sinnenfrohen Berlin der Zwanziger gab es – wenn auch mollige – rassig-schöne Frauen, zauberhafte Gesichter mit

Am Set von »Der blaue Engel«:
Josef von Sternberg, Marlene
Dietrich, Emil Jannings

Kokainlächeln und Bubikopf en masse. Eine davon war Käthe Haack, ein naives Mädchen mit blonden Zöpfen, das im
Stummfilm schon für Hauptrollen gut war, als Marlene noch
durch die Theater tingelte. Auch ihr war Sternbergs Entschei-
dung unverständlich: »Dass Marlene Dietrich je ein großer
Filmstar werden würde, hätte niemand gedacht«, meinte sie
später.

Der Regisseur hatte als Einziger ein Auge für die versteck-
ten Qualitäten des »Fräulein Dietrich«: »Ihre kühle Unnah-
barkeit beeindruckte mich, aber später stellte sich heraus,
dass sie nicht unbedingt ihrem Wesen entsprach ... An jenem
Abend war ich jedoch sofort überzeugt, dass sie in geradezu
klassischer Weise die Statur hatte, um in meinem Film das
skandalöse Frauenzimmer zu spielen ... Ihre äußere Erscheinung war ideal. Was sie bisher aus sich gemacht hatte, war
ihre Sache. Doch von nun an wollte *ich* mich um sie küm-
mern.«[10]

Sternberg gegenüber behauptete Marlene Dietrich, dass
sie vor dem *Blauen Engel* angeblich in drei Filmen mitge-
spielt habe, in Wahrheit waren es mehr als ein Dutzend, wie
er herausfand. Und keiner davon war spektakulär, wenn man
davon absieht, dass sie in *Die Frau, nach der man sich sehnt*
(1929) von Fritz Kortner erschossen wird. Der Regisseur
sah einiges auf sich zukommen: »Diese vermummte Dame
würde mir die Aufgabe, sie in eine Tigerin zu verwandeln,
wahrhaft nicht leicht machen.«[11]

Doch Marlene war pünktlich, diszipliniert und, wie Sternberg es geahnt hatte, talentiert. »Sie schien nur für mich
Augen zu haben ... Sie benahm sich wie meine Dienerin ...
Nie leistete sie den leisesten Widerstand, dass ich sie als Regisseur dominierte.«[12] Wenn Marlene allerdings nachts mit
Freunden noch in der Berliner Szene unterwegs war, beklag-
te sie sich darüber, dass Sternberg es ihr unmöglich machen
würde, jemals wieder ihr Gesicht zu zeigen. Er stilisiere sie
schließlich zu einer schamlosen Hafendirne.

Nach der monatelangen Vorbereitung dauerten die eigentlichen Dreharbeiten zum *Blauen Engel* sechs Wochen. Der Film wurde gleichzeitig in Deutsch und Englisch gedreht, denn die Kunst der Synchronisation war damals noch unterentwickelt. Anschließend stellte der Regisseur noch die Montage am Schneidetisch zusammen. Marlene Dietrich erhielt als Gage 20 000 Mark, Emil Jannings 200 000.

In ihren Memoiren behauptet Marlene, dass Jannings die ganze Welt hasste, sich selbst eingeschlossen, und dass Sternberg »seine ganze unerschöpfliche Phantasie« aufwenden musste, um »diesen psychopathischen Schauspieler ins Atelier zu locken ... Er schlug ihn sogar mit einer Peitsche, wenn Jannings ihn darum bat.«

Jannings hatte Marlene einzureden versucht, dass sie es nie zu etwas bringen würde, wenn sie weiter auf die Ratschläge dieses »Spinners von Sternberg« hören würde. Die Jahre müssen Emil Jannings später das Hirn vernebelt haben, denn 1951 hatte er die Stirn, in seinen Memoiren zu behaupten, *er* habe Marlene Dietrich entdeckt: »Da erinnerte ich mich an eine junge, fast unbekannte Schauspielerin, die in der Revue ›Zwei Krawatten‹ auftrat ... Ich führte Josef von Sternberg ... sowie Erich Pommer in die Revue, und beide Herren gaben mir Recht. Nur Marlene Dietrich und keine andere Frau konnte die Rolle übernehmen! Es wurde ihr erster Welterfolg!« [13]

Gegen Ende des *Blauen Engels* würgt der durch ein Flittchen zum Gespött gewordene Professor Rath die kesse Lola am Hals, und als die Kamera längst nicht mehr lief, würgte Emil Jannings Marlene Dietrich immer noch. Die Legende sagt, er hätte sie wohl umgebracht, wenn Hans Albers nicht dazwischen gegangen wäre. Jannings muss plötzlich ein Licht aufgegangen sein, dass das unbekannte »Fräulein Dietrich« ihm, dem großen Star, die Schau stehlen würde.

Kaum jemand glaubte an den Erfolg des Films, doch für Marlene Dietrich war die Arbeit sensationell, endlich hatte

ein Regisseur den Set betreten, der sich intensiv um sie be-
mühte. Das war ihr bis dahin noch nie passiert: »Ich fand das
alles sehr aufregend; den großen Meister bei der Arbeit zu
beobachten, war ein grenzenloses Vergnügen.«[14]

Marlene verteilt Fotos von sich als Lola; auf eines dieser
Bilder, das sie Sternberg zusteckt, kritzelt sie: »Ich bin nichts
ohne dich.« Und in ihren Memoiren schrieb sie: »Er hat mich
geschaffen.«[15] Sternberg: »Davon kann keine Rede sein ...
Ich habe Marlene nichts gegeben, was sie nicht schon hatte;
ich brachte einige ihrer Wesensmerkmale zum Vorschein,
während ich andere kaschierte.«[16]

Am Abend des 31. März 1930 fährt Marlene Dietrich in
einem weißen Chiffonkleid und ihrem langen Hermelin-
mantel, flankiert von Willi Forst und Rudolf Sieber, beide im
Frack, zur Premiere des *Blauen Engel* im Gloria Palast in
Berlin. Drei Stunden später ist sie weltberühmt. Der Film
wurde, wie man weiß, ein Sensationserfolg. Bereits kurz
nach seiner französischen Premiere wurde in Paris ein
Nachtlokal mit dem Namen »Der blaue Engel« eröffnet.

Die zeitgenössische Kritik feierte den Film enthusiastisch.
Aus dem »Hamburger Echo« vom 26. April 1930: »... Glanz-
lichter überhöhen ein Spiel, zu dem man nichts weiter sagen
kann, als dass es vollendet ist! Daneben Marlene Dietrich!
Wir haben von Anfang an dieser Darstellerin eine große Karriere zugesprochen. Der verführerische Reiz dieser Frau liegt
vor allem in der ironischen Intelligenz ihres Spiels, das hier
im doppelten Sinn zum Spiel wird, nämlich zu der Tändelei
mit der hingebenden Liebe des alten Bären. Herausfordernd
ist die Sinnlichkeit in Geste, Kostüm und Wort, aber bezwun-
gen durch den Charme ihrer Erscheinung.«

Siegfried Kracauer führte den Welterfolg des Films später
auf zwei Gründe zurück: »Einer von ihnen hieß Marlene
Dietrich. In ihrer Lola Lola verkörpert sie das Geschlecht
in neuer Gestalt: Von diesem berlinisch-kleinbürgerlichen
›Frauenzimmer‹ mit den verführerischen Beinen und dem

lässigen Wesen ging ein unbekümmerter, sinnlich-träger Gleichmut aus, der den Männern keine Ruhe ließ, bis sie das Geheimnis aufgespürt hatten ... Der zweite Grund für den Erfolg des Films lag in seinem ausgesprochenen Sadismus. Die Massen fühlen sich vom Schauspiel seelischer Folterungen und Demütigungen unwiderstehlich angezogen.«[17]

Der blaue Engel ging als einer der ersten deutschen Tonfilme in die Geschichte ein und wurde ein grandioser Kassenerfolg, brachte der Ufa internationales Renommee. Das Bild auf der Tonne von »Lola Lola, dem Liebling der Saison«, mit schwarzen Strapsen und Dessous und den frech übereinander geschlagenen Beinen, ist inzwischen eine Ikone der Filmgeschichte.

Weniger bekannt ist: Von den Schöpfern des Films gingen nach der Machtergreifung Hitlers viele ins Exil, Erich Pommer, Heinrich Mann, Carl Zuckmayer, Friedrich Hollaender, Robert Liebmann, Rosa Valetti und Marlene Dietrich. Kurt Gerron wurde von den Nazis im KZ Auschwitz ermordet.

Zwischentitel: Svengali

Niemand kann sagen, wie Marlenes Karriere ohne das Erscheinen ihres Entdeckers Josef von Sternberg verlaufen wäre, der in der Branche allgemein als »Svengali« bekannt war. Er spielte die Rolle des Zauberers und verwandelte wie durch Hypnose eine fast unbekannte Schauspielerin in einen Weltstar. Doch Marlene war kein Idol aus der Retorte, keine synthetische Figur. Ihr »Schöpfer« fand in ihr eine ausgeprägte Persönlichkeit vor, für die er das unverwechselbare Image finden musste. Ob der deutsche Film ohne Sternberg die Starqualitäten der Dietrich ans Licht gebracht hätte, bleibt offen, es darf spekuliert werden.

»Die Frau, die sie darzustellen hatte, existierte jedoch nur auf der Leinwand.«
JOSEF VON STERNBERG

Niemand konnte sich der Faszination Marlenes entziehen, alles an ihr war Siegespose. Doch der deutsche, noch stark vom Expressionismus beeinflusste Film der zwanziger Jahre, in dem die schicksalhafte Überhöhung aller Lebensäußerungen auf Kosten einer realistischen Darstellung ging, war nicht Marlenes Medium. In ihren Stummfilmen blieb ihr Spiel zwischen der Übermacht großer Gefühle und einer Neigung zum Fatalismus unbestimmt, unentschieden.

Josef von Sternberg schuf in seinem filmischen Kosmos archetypische Situationen, die Marlenes unterkühlte Haltung, ihre gespielte Gleichgültigkeit, mit der sie ihre Triumphe, ihre Kunst der Verführung und Hingabe kaschierte, perfekt zur Geltung brachten. Er formte ihre Erscheinung, ihren Habitus, so dass ihre Persönlichkeit mit ihren Rollen verschmolz.

Marlenes berühmtes Frack-und-Zylinder-Outfit war allerdings nicht Sternbergs Erfindung. Auf einem Bild des Fotografen Alfred Eisenstaedt vom Berliner Presseball 1929 posiert Marlene bereits in dieser (Ver)Kleidung. Sie wirkt lässig, Kostüm und Haltung bilden eine Einheit, eine Hand hat sie in der Hosentasche, die andere hält eine Zigarette, so blickt sie den Betrachter an. Sternberg entdeckte hier wohl schon die androgyne Attitüde seines künftigen Stars. Er musste sie nur noch seiner Kunst einverleiben.

Josef von
Sternberg

Rechts: Josef
von Sternberg
und Marlene
Dietrich

Betrachtet man ihre Bilder aus dem frühen Berliner Kintopp oder selbst die aus dem *Blauen Engel* und vergleicht sie mit Marlenes erstem Hollywood-Film, *Morocco,* könnte man meinen, zwei verschiedene Personen vor sich zu haben. Aus Marlene als Lola Lola, einem wohlgerundeten, schlüpfrigen Frauenzimmer, wird plötzlich eine ätherische, schlanke Venus, bleich, geheimnisvoll, mit hochgezogenen Augenbrauen und dem berühmten unergründlichen Lächeln. Mag auch ihre Frische und Vitalität etwas gelitten haben, ist doch an Lolas Stelle eine strahlende Schönheit getreten, die Frau, die, wie Sternberg verkündete, »die Welt verzaubert hat«.

Natürlich gibt es dazu gegensätzliche Interpretationen. Die Begegnung zwischen Marlene und Sternberg war »für uns, die wir das Kino lieben ... ein einziger Glücksfall: dass ein Mann auf eine Frau traf, die in ihrer Person die ganze Weiblichkeit umfassen konnte«[1], befindet Frieda Grafe. Ganz anders Jean Renoir: »Was Marlene Dietrich angeht, die tut mir richtig Leid ... Dass das Kino diese entzückende Mama in ein Knochenbündel verwandelt hat, ist wirklich unverzeihlich.«[2]

Nach dem *Blauen Engel* drehte Sternberg sechs weitere Filme mit Marlene Dietrich. Es waren diese Filme, die ihren Ruhm begründeten.

Sternberg liebte die verschwenderische Fülle, seine Filmbilder sind bis an den Rand gefüllt mit Gesichtern, Figuren, Bewegung, flutendem Leben; ein unentwirrbares Chaos, in dem, einer Blindenschrift gleich, rätselhafte Zeichen aufscheinen. Diese Wirkung erzeugte er ohne großen Aufwand, mit Spiegelungen, Überblendungen, Konfetti, simplen Taschenspielertricks. Marlene hat in ihren Memoiren beschrieben, wie er oft mit »ein paar Bindfäden« Wunder vollbrachte.

Bestimmte Antagonismen kehren in seinen Filmen immer wieder, etwa die Gegenpole Bourgeoisie und Boheme oder Spießertum und Halbwelt. Seine Shanghai Lily wird von den »guten Bürgern« gefürchtet wegen ihres angeblich verderb-

lichen Charakters, dabei ist das »leichte Mädchen« oft der bessere Mensch als der Bourgeois, sind die Frauen stärker als die unsicheren Männer, wenngleich die Moral kein Thema war, das Sternberg wirklich interessiert hätte.

»Die Handlung der Filme wurde reduziert auf eine Abfolge ritueller Akte.«[3] Durch alle Verwandlungen hindurch, selbst wenn sie sich, wie in *Die blonde Venus* (1932) aus dem zottigen Fell eines Affen schält, bleibt Marlene der unzerstörbare Vamp, der Männer beherrscht und selbst durch den Tod nicht besiegt wird. Als sie in *Entehrt* (1931) als Spionin erschossen werden soll, wischt sie dem jungen Offizier, der sich weigert, eine Frau zu töten, die Tränen aus dem Gesicht und erneuert dann ungerührt ihr Make-up.

Marlene ist die fremde Frau mit den hohen Wangenknochen und dem verschleierten Blick, der viel verspricht und wenig hält, das unnahbare Wesen mit den legendären Beinen, das in der nächsten Sequenz seine »Manpower« in Frack und Zylinder ausspielt: Dies alles inszeniert Josef von Sternberg, schafft damit ihren Mythos, der sich für immer ins Gedächtnis der Nachwelt einbrennt.

Wer war dieser Josef »von« Sternberg? Eigentlich hieß er Jonas Sternberg, kam 1894 in Wien zur Welt und wuchs als Sohn jüdisch-orthodoxer Eltern in ärmlichen Verhältnissen auf. Die Familie wechselte häufig den Wohnort zwischen Wien und den USA, dadurch gewannen Sprachen für den jungen Mann eine große Bedeutung. Er sprach Deutsch, Englisch und Hebräisch. Dies wurde später in seiner Kunst ein zentrales Motiv: Zeichen, Symbole, fremde Sprachmelodien. Die Mehrzahl seiner Filme spielt an zeichenhaft-imaginären Orten: Marokko, Macao, Shanghai, Spanien, Russland.

In Hollywood, dem Haifischbecken der Neuen Welt, sammelte er Anfang der zwanziger Jahre als Autor, Regieassistent und Cutter Erfahrungen, nannte sich von nun an Josef von Sternberg. Sein erster Film ließ bereits seinen Willen zum eigenen Stil erkennen, mit *Underworld*, den er 1927 schon für die Paramount drehte, feierte er dann einen künstlerischen und kommerziellen Erfolg, erwies er sich als Meister der Bildkomposition. Sternberg, ein Dandy und filmischer Parvenü, eignete sich aus einer Laune heraus das Adelsprädikat an und gab sich im Regiestuhl als geniehafter Exzentriker, dessen Arroganz vom Filmteam oft kaum zu ertragen war. Er entwarf in seinen Filmen die radikal bebilderten Sehnsüchte des aufsteigenden Kleinbürgers.

Sein Kino ist eine magische Bilderwelt, ein erotischer Kosmos. Der Talmi-Tand, das Kitschig-Schwülstige seiner Filme, ist Ausdruck einer eigenständigen ästhetischen Form, verbunden mit einem manieristischen Zwang zum erlesenen Kostüm.

Damit wurde sein Zusammentreffen mit Marlene Dietrich zum Glücksfall, denn sie entpuppte sich als das ideale Medium für seine Visionen. In jeder Frau steckt eine Verführerin, aber Marlene war auf diesem Gebiet ein Naturtalent. Dieses hinreißende Weib mit den meerblauen Augen war zugleich ein irritierend androgynes Wesen, das Sternbergs bizarre Phantasiewelt auf faszinierende Weise lebendig werden ließ. Er musste nur, wie er selbst sagte, bestimmte Merkmale Marlenes betonen, ihre Weiblichkeit entfesseln, aber »es war alles schon da«, er musste es der Welt nur zeigen.

Josef von Sternberg war ein Künstler, der seine Regie nach den Gesetzen der Malerei entfaltete, seine Bilderwelten sind überbordend, es gelang ihm, den Eindruck von Opulenz und Reichtum herbeizuzaubern, die Masken, Larven und Kostüme, mit denen sich seine Figuren verkleiden, verweisen auf seine permanente Identitätssuche: verrätselt als Vexierbild. Seine Helden wechseln ihre Identität chamäleonhaft oft mehrmals innerhalb eines Films. Die Kostümierungen in seinen Filmen, »die Federn, Pelze, Helme, Hüte, Schleier und Spitzen funktionieren nicht anders als Sprache für ihn: als Zeichen einer Mythologie, die er wie eine unverstandene

Szene aus
»Morocco«

Fremdsprache verwendet, als Form.«[4] Realistische Milieus interessierten Sternberg nicht. Seine Melodramen sind Kunstwelten, maßlos in ihrer Übersteigerung, selbst vorgegebene Mythen deutete er um, er gab ihnen neue Funktionen in seinem eigenen Kosmos.

In diesem Taumel der Erotik, der Verkleidung und Verführung fühlt Marlene sich zu Hause, diese Welt ist ihr so vertraut, als wäre sie eigens für sie erfunden worden.

Seine Liebespartner sind am überzeugendsten, »wo sie übertreiben, wo die hitzigste Erotik im eiskalten Narzissmus einer Marlene Dietrich und eines Gary Cooper wie in *Morocco* erstrahlt«.[5] Marlene ist in Sternbergs Welt ein ambivalentes Wesen, besonders in den frühen Filmen, in denen sie in Frack, Zylinder und mit einer langen Zigarettenspitze bewaffnet, mit virilem Habitus wie in *Morocco* die Rolle des fordernden Mannes gegenüber einer Frau spielt. Frauen umwirbt sie nur scheinbar, sie hat bereits ein Auge auf den Mann, Gary Cooper, geworfen, und auch ihm gegenüber wählt sie die männliche Form der Annäherung: Cooper bleibt passiv, er lässt sich erobern.

In Sternbergs Filmen übernehmen die Frauen die Rollen der Männer, sie sind stark, autonom, brutal, sie schwingen die Peitsche. Indem er die Frau zum erotischen »Fetisch« stilisierte, kaschierte er seine Angst vor dem Weiblichen. Das »erotische Pandämonium Sternbergs geht über das einfache Strickmuster des Vamps weit hinaus«[6], erotische Wünsche führen ihr Eigenleben in seinen Fiktionen. Und Marlene Dietrich ist die Verkörperung dieser Wunschtraumwelt. Sternberg gehört zu den wenigen Regisseuren seiner Zeit, in deren Werk die Frauen dominieren. Seine Filme folgen nicht der üblichen Dramaturgie des kommerziellen Hollywoodfilms. Darin liegt ihre Schönheit, ihre Faszination, damit verband sich immer aber auch die Gefahr des Scheiterns. Und nach ihrem letzten gemeinsamen Film, *The Devil is a Woman,* wurde diese Gefahr Wirklichkeit.

Für Marlene war Sternberg der »Herr der Licht- und Schattenvisionen«, »ein beispielloses Genie«, dem sie alles zu verdanken hatte. Und was sie »am meisten bei ihm fürchtete: seine Verachtung«[7]. Auch nach der Trennung von Jo, wie sie Sternberg zu nennen pflegte, als sie unter anderen Regisseuren realistische Frauengestalten verkörperte, wirkte ihr Image fort. Egal welche Rolle sie spielte, Abenteuerin, Barsängerin oder Offizierswitwe, nichts änderte sich am Ruhm der »legendären Marlene«.

Grete Weiser parodierte Marlene 1937 in dem musikalischen Schwank *Die Göttliche Jette*[8], und selbst als man sie in Hollywood vorübergehend zum »Kassengift« erklärte und aufs Abstellgleis schob, blieb sie das überlebensgroße Leinwandidol, das seine Karriere unbeirrt fortsetzen konnte, auch wenn Marlene selbst manchmal von Zweifeln befallen wurde.

Josef von Sternbergs Filme haben den Ruhm begründet, von dem Marlene ein Leben lang zehrte, den sie später in Lubitschs spritzigen Komödien oder in Glanzrollen wie *Zeugin der Anklage* (1957) oder *Im Zeichen des Bösen* (1958) unter Orson Welles mehrte. Den Ruhm, der ihr vorauseilte, als sie als Sängerin auf Welttournee gehen und unsterblich werden sollte.

Spotlight:
Männer umschwirren mich ...

Männer umschwirrten Marlene wie Motten das Licht ... und Frauen ebenso. Ihre
Zahl ist Legende. Marlene wollte geliebt
werden, begehrt, verehrt, verwöhnt, immer wieder und immer mehr. Und sie
wollte erobern. Ihre Sinnlichkeit kannte

*»Schlägt sie die Augen auf,
dann ist das ihre Einladung, eine
Falltür zu betreten.«*
KARSTEN WITTE

keine Grenzen. Doch in seinen Memoiren sparte der berühmteste Vamp der Filmgeschichte das Intimleben aus. Wo
es privat zur Sache ging, bleibt in ihrem Buch ein leerer Fleck,
Liebesexzesse kommen nicht vor, nicht mal eine harmlose
Lovestory. Marlene mauert, gibt sich prüde, doch zahlreiche
Zeugnisse belegen das Gegenteil. Und wenn sie kess behauptet, dass sie sich »auf diesem Gebiet nicht auskenne«, ist das
eine ihrer üblichen kühnen Untertreibungen.

Marlene Dietrich war ein Leben lang mit Rudolf Sieber ver-
heiratet, einem Produktionsassistenten bei der Ufa, aber ihre
sexuelle Beziehung endete mit der Zeugung von Maria, ihrer
einzigen Tochter.

Das Berlin der zwanziger Jahre »brodelte und zischte wie
ein aufgewühlter Ozean«[1], die Menschen jagten immer neu-
en Vergnügungen hinterher, und inmitten dieser lustbe-
tonten Metropole tanzte Marlene. Sie war Schauspielerin,
Filmstern, Tänzerin, Sängerin, spielte gleichzeitig Theater
an mehreren Bühnen, und wenn sie spät nachts nach der
letzten Vorstellung in einem der angesagten Lokale ein-
trudelte, warfen ihr der Flieger Ernst Udet oder der Schriftsteller Erich Maria Remarque, der mit seinem Roman »Im
Westen nichts Neues« einen Welterfolg gelandet hatte,

schmachtende Blicke zu. Mit Remarque, dem feinsinnigen Schriftsteller und exzellenten Weinkenner, der in seinen Romanen gern vom Schicksal geprügelte Emigranten oder melancholische Außenseiter beschrieb, ging sie Jahre später in Paris eine zarte Liebesbeziehung ein. Doch bis dahin floss bei anderen heißen Affären noch viel Champagner ihre Kehle hinunter. Marlene wirbelte durch dieses exzentrische Berliner Nachtleben mit »so atemberaubenden Beinen, dass alles von diesem tollen Weib sprach« [2].

Sie strahlte laszive Sinnlichkeit aus, Lust an der Liebe, sie ging auf die Jagd wie ein Raubtier, verführte die Objekte ihrer Begierde ganz nach Laune wie nebenbei. Marlene gehörte zu jenen Frauen, die ihr Leben in Freiheit und nach eigenen Regeln leben. Schon früh wurde deutlich, dass sie, wie in ihren Filmen mit Frack und Zylinder, die klassische Rollenverteilung auf den Kopf stellte. Nicht der Mann durfte die Initiative ergreifen, sondern Marlene griff sich den Kerl.

»Wenn sie hie und da Lust auf einen Mann hatte, vernaschte sie ihn, aber die Annäherung oder gar der direkte Antrag mussten von ihr kommen.«[3] So konnte es passieren, dass Marlene nach einem stark gewürzten Paprikahendl jemandem zuflüsterte, »nach dem Essen gehen wir zu dir«. Allerdings durfte daraus niemand Rechte ableiten, meist vergaß sie die »schwache Stunde« anschließend sofort wieder.

Zu ihren frühen Berliner Eroberungen gehörte angeblich der Komponist Peter Kreuder, der für diese Indiskretion vom Schlagertexter Max Colpet, dem Verfasser des Liedes »Sag mir wo die Blumen sind«, als »Lügenpeter« beschimpft wurde. Gesichert ist, dass der Schauspieler und Regisseur Willi Forst einer ihrer Liebhaber war; ihn schleuste sie aus Wien ein, nachdem sie mit ihm in dem Film *Café Electric* (1927) gespielt hatte. Das Lichtspiel wurde ein Flop, doch mit Forst tanzte sie in Berlin den lüsternen Liebesreigen.

Wenn die junge Marlene für einen Künstler oder eine Künstlerin allzu heftig schwärmte, konnte daraus schnell eine brennende Liebe werden. Bekannt war in Berlin damals ihre heftige Zuneigung für die Kabarettistin Claire Waldoff, die klein, rundlich, aber sehr talentiert mit tiefer männlicher Stimme ihre fetzigen Couplets sang: »Wer schmeißt denn hier mit Lehm?« oder »Hermann heeßt er«:

Warum soll er nich' mit ihr
vor die Türe stehn?
Warum soll er nich' mit ihr

mal konditern gehn? ...
Warum soll er nich' mit ihr
mal die Liebe spüren?

Wenn Kollegen am Tresen über Marlene und Claire spotteten, änderten sie den Refrain in »Warum soll *sie* nich' mit ihr?« Maria Riva über ihre berühmte Mutter: »In ihren Augen verkörperte Marlene das, was sie gerne sein wollte: die perfekte Verschmelzung der Geschlechter.«

Zu Marlenes tragischen Passionen gehörte ohne Zweifel die zwischen ihr und ihrem Entdecker Josef von Sternberg. Er war der Mann, der sie abgöttisch verehrte und mit glühender Leidenschaft begehrte. Selbst Jahre später in Hollywood war er noch immer auf Willi Forst eifersüchtig, wenn Marlene mal auf Europareise ging. Josef von Sternbergs Beziehung zu Marlene Dietrich trug die Züge einer klassischen Tragödie: Herz stand gegen Hirn, der Schöpfer verfiel seinem Geschöpf. Die Ironie lag in seiner Besessenheit von Marlene. Sie war für ihn die Einzige, doch für sie war er einer von vielen. In ihren Memoiren untertreibt sie wieder einmal, wenn sie schreibt: »Er hielt mich für schön (was bei weitem nicht der Fall war) und folglich für dumm. Außerhalb der Arbeit schenkte er mir keine besondere Aufmerksamkeit.«[4]

In Wahrheit hielt Sternberg Marlene sicherlich nicht für dumm, erkannte er doch als Erster die Einzigartigkeit ihres Talents und ihrer Persönlichkeit. Man geht davon aus, dass er jahrelang – mit Unterbrechungen – mit seinem Star zusammengelebt hat, schon in Berlin und später in Hollywood. Seine tiefe Liebe zu ihr zehrte an Sternberg, machte ihn aggressiv, hart, unglücklich, verzweifelt, war schließlich einer der Gründe für das spätere Scheitern ihrer Zusammenarbeit.

Kenneth Anger über das Gespann Dietrich – Sternberg: »Die ambivalente Attraktion Marlenes in Männerkleidern wurde von ihrem Svengali, Josef von Sternberg, unterstrichen, der es fertig brachte, in jedem ihrer gemeinsamen Filme eine Szene mit Marlene in Hosen unterzubringen. Dass ihre Affäre eine Romanze des Kopfs, der Kunst und der Kunstfertigkeit war, ist unbestritten.«[5] Sternbergs Ehefrau verklagte Marlene nicht ohne Grund, als diese auf ihre zweite Amerikareise ging: »Sie hat ihn mir weggenommen.« Marlene geiferte zurück: »Sie hat ihn nie gehabt.« Die Ehefrau ließ sich später von Sternberg scheiden.

In Hollywood meldete sich der Chansonnier Maurice Chevalier als der erste Liebhaber Marlenes, andere Franzosen sollten folgen. Tochter Maria missfiel das boshafte Zwinkern in Chevaliers Augen und dass die Mutter mit ihm ausschließlich französisch parlierte. Marlene machte sich über Chevaliers unglaublichen Geiz lustig, angeblich wurde er nur von dem Greta Garbos übertroffen; an ihrer großen Rivalin ließ Marlene auch aus anderen Gründen kein gutes Haar.

Gary Cooper

Zu welchem Zeitpunkt der »Cowboy« Gary Cooper an der Reihe war, ist unerheblich. Beim ersten gemeinsamen Film der beiden Weltstars, *Morocco* (1930), saß Coopers rasend eifersüchtige Geliebte Lupe Velez, eine heißblütige Mexikanerin, während der Drehpausen ständig auf Coopers Schoß; beim nächsten Film der beiden hatte Gary sie ausgemustert, war der Weg für die Dietrich frei. Ihr zweiter »Cowboy«, James Stewart, wurde aus dem Sattel geworfen, als Marlene sich in ihrem ersten Western *Destry Rides Again* (1939) im Saloon einen prächtigen Boxkampf mit ihm lieferte. Ins Leere schlug sie nur im Film.

Marlene war eine passionierte Jägerin, ein weiblicher Wilderer. Sie drang in jedes Revier ein, eine Donna Juana, die siegessicher auf die Jagd ritt, um den Platzhirsch zu erlegen. Mit John Wayne drehte sie drei Filme. Sie mochte ihn nicht, weil er, wie das Gerücht sagt, einer der wenigen Hirsche war, die ihren Reizen widerstanden. Deshalb verachtete Marlene ihn, Wayne war für sie kein »sehr gescheiter oder aufregender Typ. Er gestand mir, dass er nie Bücher las.«[6]

John Wayne

»Marlene gab den Klatschvögeln die ganzen dreißiger Jahre hindurch genug zu zwitschern. Ihre Bande von Freundinnen, bekannt als ›Marlenes Nähkränzchen‹, waren keine Lesben wie die Nazimova-Gruppe, sondern fröhliche und lebenslustige Gestalten, die wie Marlene selbst rechts oder links schreiben konnten. Marlene wurde eine stürmische Liebesgeschichte mit ihrem Co-Star bei Paramount, Claudette Colbert, und eine ebenso wilde mit Lili Damita zugeschrieben.«[7]

Miss Dietrich trieb ihre »lüsternen Spiele« auch mit der Schriftstellerin und Garbo-Vertrauten Mercedes de Acosta, die von Maria Riva als »spanischer Dracula« beschrieben wird. »Sie hatte den Körper eines Knaben, pechschwarze Haare, kurz geschnitten wie die eines Toreros, einen kreideweißen Teint und tief liegende schwarze Augen, die immer von Schatten umgeben waren.«[8]

Marlene verlustierte sich mit ihrem Partner aus dem Film *Song of Songs* (1933), dem feinen britischen Gentleman Brian Aherne. Überhaupt entwickelte sie eine Vorliebe für Briten, während der Dreharbeiten zu dem Hitchcock-Krimi *Die rote Lola* vernaschte sie ihren Mitspieler Michael Wilding, den später Liz Taylor heiratete. Er sah Aherne ähnlich. Sie pflegte Liebschaften mit dem Komponisten José Iturbi, der so brillant Rachmaninoff spielte, und mit

Jean Gabin

Hollywoods schönstem Stummfilmhelden und Frauenschwarm, dem Star »mit Augen wie glühende Kohlen«, John Gilbert.

Manche Männer liebte Marlene nur »eine Zigarette lang«, andere eine halbe Ewigkeit. Etwa Jean Gabin, dem ihre ganz große Liebe gehörte, er war in Marlenes Augen »der Mann fürs Leben ... das Ideal, nach dem alle Frauen suchen«. In Hollywood umhätschelte und umsorgte sie ihn wie ein Baby. Als Gabin nach Frankreich zurückging, wurde er eigensinnig, schwierig, und sie verstand ihn nicht mehr. Womöglich lag es daran, dass Marlene sich nie unterordnen konnte oder wollte, und Gabin sich natürlich auch nicht.

In einer ähnlich verzehrenden Leidenschaft entflammte sie Jahre später für Yul Brynner, der mit dem Musical »Der König und ich« am Broadway alle Blicke auf sich gezogen hatte und bald ein ganz großer Star wurde. Als die quälend lange Beziehung nach Jahren zerbrach, verfolgte Marlene ihn mit ihrem ganzen Hass.

Marlene verlangte von ihren Liebhabern wohl nie, eine »Erektionsbekleidung« zu tragen, sie schützte sich vor unerwünschten Folgen durch Spülungen hinterher. Trotzdem musste sie vermutlich eine Reihe von Abtreibungen aushalten.

Es wäre ermüdend, alle ihre Bettgenossen und Gespielinnen aufzuzählen. Rudolf Sieber spielte die Figur des Ehemanns perfekt. Schon in Berlin hatte er Tamara Matul, eine weißrussische Emigrantin, zu seiner Geliebten gemacht, nur durfte auch das offiziell niemand wissen. In dem Vilsmaier-Film *Marlene* (2000) sagt Sieber, als er seine Ehefrau in Hollywood besucht: »Hinter jedem Vorhang lauert hier ein Liebhaber.«

Die bewundernswerte Technik Marlenes bestand darin, ihre schnell aufflackernden Liebesbeziehungen mit der größten Kunstfertigkeit zu vertuschen. Da sie häufig mehrere Affären gleichzeitig lebte, musste sie zusätzlich auch noch einen Liebhaber vor dem anderen verstecken. Zwar gab es eine gierige Klatschpresse, aber solange die beiden Hexen dieser Schund-Journaille, Louella Parsons und Hedda Hopper, nichts beweisen konnten, blieben Marlenes Affären nichts als Gerüchte. Die Sitten im Hollywood der dreißiger Jahre, über die das Hay's Office als oberste Zensurbehörde wachte, waren von einer so übertriebenen Prüderie, dass im Film nicht einmal zwei Personen unterschiedlichen Geschlechts gezeigt werden durften, wenn ein Bett im Hintergrund zu sehen war. Das führte dazu, dass Erotik durch Blicke, Accessoires, geheime Andeutungen und Symbolik inszeniert werden musste, was andererseits der Phantasie keine Grenzen setzte. Das private Liebesleben der Stars wurde verheimlicht, die offizielle Sittenstrenge führte sogar dazu, dass sich die Auserwählten von der Gesellschaft absonderten und sich gegenseitig einluden, in ihren Villen wie in geheimen Zirkeln hinter verschlossenen Türen miteinander verkehrten.

Über die tatsächlichen Liebesabenteuer der Topstars, die die Klatschpresse zwar mit feinem Gespür witterte, aber nicht beweisen konnte oder aus persönlichen Rücksichten bewusst geheim hielt, wussten nur die »Eingeweihten« Bescheid, und die hielten dicht. Marlenes Liebhaber mussten fast immer zu ihr kommen, und sie bestand darauf, dass sie vor Ende der Nacht wieder aus dem Schlafzimmer verschwanden. Am Morgen schien alles wie nicht gewesen. Eine der wenigen Ausnahmen bildete John Gilbert, durch den um ein Haar alles aufgeflogen wäre, als er unerwartet über Nacht an einem Herzanfall verstarb. Marlene konnte sich gerade noch rechtzeitig in Sicherheit bringen.

Als die überirdische Schönheit, die marmorne Göttin, spielte Marlene Dietrich nach außen hin die Keusche, die Unberührbare, die über fleischliche Gelüste Erhabene. Dieses Image verstand sie glänzend immer wieder aufs Neue zu bestätigen. Ob Marlene Dietrich »nicht wirklich lieben« konnte, obwohl sie von großen und berühmten Männern und Frauen heiß begehrt wurde, und ob sie trotz all ihrer leidenschaftlichen Affären am Ende einsam zurückblieb, wie es Christian Pfannenschmidt in seinem Drehbuch für Joseph Vilsmaiers *Marlene* interpretiert, bleibt offen.

Hauptfilm: Die Biografie

Wer war Marlene Dietrich? Das wahre Leben dieser leidenschaftlichen Frau und Künstlerin zwischen Legende und Kolportage herausschälen zu wollen, erscheint zunächst als Mammutaufgabe. Zu dicht liegen Fakten und Fiktionen beieinander. Allein die ungeheuerliche Menge an Dokumenten, die in der Stiftung Deutsche Cinemathek in Berlin lagert: Tausende von Briefen, Fotos, Notizen und Verträge; Filme des Stars und Essays über Marlenes Karriere; Überseekoffer voll persönlicher Utensilien, Kleider, Schuhe, Hüte, Schminktaschen und vieles mehr, verweist auf den Umfang dieser Aufgabe. Das alles wurde vom Land Berlin in Amerika, der Schweiz und anderswo ersteigert. Zwar gibt es Bücher über die Filmgöttin, doch keines scheint mir bis auf den letzten Grund vorgestoßen zu sein. Das Material bis in die feinsten Facetten auszuwerten, könnte eine Lebensaufgabe für zukünftige Historiker sein.

»Mein Leben ist oft beschrieben worden und alles war falsch.«
MARLENE DIETRICH

Marlene selbst hat zur Legendenbildung beigetragen, indem sie mit ihrer Biografie spielerisch umging: »Fakten interessieren mich nicht.«

Anhand neuester Erkenntnisse, Enthüllungen und Details über ihre Filme, mit ganz persönlichem Blick auf die Diva, erzähle ich ihre Lebensgeschichte noch einmal *neu*, nostalgisch, aber nicht verklärend, nicht ohne Naivität und voller Bewunderung für die unsterbliche preußische Madonna.

1 | Eine Soldatentochter weint nicht

Marlene Dietrich kommt am 27. Dezember 1901 in Schöneberg, damals noch eine elegante Stadt bei Berlin, als zweite Tochter einer preußischen Offiziersfamilie zur Welt.

Ihr Taufname ist Maria Magdalena, in ihrer Kindheit wird sie Lena genannt.

Vater Louis Otto Dietrich trägt eine prächtige maßgeschneiderte Kavallerieuniform und einen Degen und ist meist mit seiner Truppe unterwegs. Mutter Josephine, aus einer wohlhabenden Berliner Uhrmacherfamilie stammend, führt im Haus ein strenges Regiment. Es gibt dienstbare Geister zuhauf und ständig wechselnde Lehrerinnen: für Klavier, Französisch, Violine und all die kunstsinnigen Fächer, die der Erziehung junger Bürgerstöchter dienlich sind.

Lena hat eine ältere Schwester, Elisabeth; sie kommt in den Memoiren der Marlene Dietrich aber nicht vor. Nach Elisabeths Geburt stürzt die Mutter in tiefe Einsamkeit, denn von nun an ist Louis Otto, ein notorischer Schürzenjäger, überhaupt nicht mehr zu Hause anzutreffen. Von Marlenes Großvater wird er ermahnt, die Finger von »seinen Huren« zu lassen, sonst würde dieser ihn übers Meer schicken, »dort können dich die Indianer skalpieren«. So richtet die Mutter ihre ganze Liebe auf Lena, die ihr etwas Besonderes ist, schon bei der Geburt »ein strahlendes Geschöpf: das wohlgeformte Köpfchen von feinem Flaum in den Farben der untergehenden Sonne bedeckt, die Haut wie Perlen des Orients und unter schweren Lidern strahlend blaue Augen«[1].

Es lässt sich vorstellen, dass die Ehe nicht glücklich war, denn bereits 1906 sind Josephine und Louis Otto »mit unterschiedlichen Anschriften im Berliner Adressbuch eingetragen«.[2] Der Vater Louis Otto stirbt 1907. Vier Jahre später heiratet die Witwe Josephine erneut – und wieder einen Offizier, Eduard von Losch. War ihre erste Ehe ein gesellschaftlicher Abstieg, so ist es diesmal umgekehrt. Marlenes neuer Stiefvater ist adelig, wohlhabend und Berufsoffizier bei den Königlichen Grenadieren.

Die Mutter übt mit Lena einen Walzer von Chopin und nennt das Kind »Paul«, wenn sie glücklich ist. Und sie bringt

Lena Haltung bei, ihr berühmtester Satz lautet: »Eine Soldatentochter weint nicht.«

Lena fühlt sich von der Mutter behütet und geliebt. »Ich empfand für meine Mutter ... einen tiefen Respekt. Sie besaß eine Art natürlichen Adel. Ihr Benehmen, ihre Autorität, ihre Geisteshaltung waren die einer Aristokratin.«[3] In Marlenes Erinnerung trug die Mutter in jenen Jahren meist schwarz, der Vater »ging an die Front, ohne noch einmal nach Hause zu kommen und sich von uns zu verabschieden«. Marlenes Tochter Maria Riva sieht ihre Großmutter etwas differenzierter: »Josephine war mit neunundzwanzig Jahren schon eine kalte, stoische Frau geworden, die sich an Geboten, Regeln, nichts sagenden Gemeinplätzen festhielt.«[4]

Lena lernt als Kind begeistert Französisch, es ist ihre Lieblingssprache, sie findet sie romantischer als Englisch. Sie kann noch nicht ahnen, dass sie später als großer Kinostar in ihren Filmen fast nur Englisch sprechen wird. Lena kann schon lesen und schreiben, noch ehe sie zur Schule kommt. Sie hasst das schwere Schultor, fühlt sich eingesperrt, hat »Angst vor den Lehrern und Strafen, Angst vor der Einsamkeit«.

Der einzige Lichtblick für das Mädchen ist die Französischlehrerin Mlle. Marguerite Breguand, die sie verehrt, für die sie sich in ihrer Freizeit Geschenke ausdenkt, blau-weiß-rote Bänder, Bilder französischer Landschaften oder einen Strauß Maiglöckchen. Doch bei Kriegsausbruch wird die Lehrerin als Feindin des Deutschen Reiches vertrieben. Als im Herbst 1914 der Unterricht wieder beginnt und Mlle. Breguand nicht mehr erscheint, wird für Lena die Schule wieder ein Ort der Tristesse, grau und schwer erträglich.

Ihre Tante Vally schenkt Lena Ostern 1912 ein rotes, in marokkanisches Leder gebundenes Tagebuch, das sie »Rotchen« nennt und dem das schwärmerische junge Mädchen seine Geheimnisse anvertraut. Lena verbringt ihre wenige Freizeit am liebsten auf der Berliner Kunsteisbahn mit ihrer glitzernden Beleuchtung. Eine Blaskapelle spielt Walzer von Strauß und rührselige Schlager über Liebe, Leid, Sehnsucht und Schmerz. Tagebucheintragung vom 26. Februar 1913: »Auf der Eisbahn war es sehr schön. Ich bin hingefallen, da kam gleich 'ne Menge Bengels an. Adieu fürs Erste, süßes Rotchen. Viele Küsse deine Leni.«

Eines Tages beschließt Lena, ihren Namen zu ändern. Sie will zuerst ihre beiden Vornamen auf e enden lassen, also Marie Magdalene. Dann zieht sie die Namen zusammen in »Marilene«, mit dreizehn hat sie sich für den Namen »Marlene« entschieden.

Das junge Mädchen hasst den Krieg. Mehrere Männer aus der Familie sind gefallen. Frauen in tiefer Trauer versammeln sich im Haus. Schließlich kommt am 16. Juni 1916 die Nachricht vom Tod des Stiefvaters. Im Winter dieses Jahres werden in Berlin Lebensmittelkarten ausgegeben, Brot wird aus Kohlrüben gebacken, die Fleischrationen bestehen aus Knochen und Innereien. Nur die Reichen können sich in den Schwarzmarkt-Restaurants an Fasan oder Mastgans erfreuen. Josephine muss das Haus in Schöneberg aufgeben, ihre Witwenpension ist zu gering, sie zieht mit ihrer Restfamilie nach Dessau in eine kleine Mietwohnung.

Marlene bummelt gern auf der Promenade, flirtet mit den Pennälern und verliebt sich in einen Ulle Bülow. »Er ist himmlisch schön«, vertraut sie ihrem Tagebuch an. »Seine Mutter ist oder war Jüdin, und daher hat er so etwas ganz Bestimmtes, Hübsches, Rassiges im Gesicht.« Das war nicht der erste Flirt, denn bei einem Riesenkrach warf die Mutter dem Mädchen vor, es sei mannstoll. Marlene: »Nee nee, das ist zu viel für mich.« Sie ging trotzdem zu ihren Verabredungen, denn zu Hause war es »doch sehr langweilig«.

Nach dem Krieg zieht die Familie wieder nach Berlin in ein Haus in einem eleganten Wohnviertel. Es gibt auch wieder Köstlichkeiten wie Bohnenkaffee und Vollkornbrot. Marlene lässt in ihren Memoiren ihre »beiden Väter« zu einer Gestalt verschmelzen. »Mein Vater: hohe, imposante Statur, Ledergeruch, glänzende Stiefel, eine Reitpeitsche, Pferde.«

Marlene muss als Gymnasiastin früh zu Bett gehen, darf aber mit ins Theater, erlebt die Klassiker, Shakespeare, die griechischen Tragödien, und sie lernt das Geigen- und Klavierspiel, bekommt sogar eine Laute. Die Mutter: »Träume ruhig, aber pass auf, dass du nicht dumm wirst im Kopf.«

Lena lernt, klaglos ihre Pflicht zu tun, denn Nachlässigkeit ist gleichbedeutend mit Sünde: Vernachlässigung des Körpers, Nachlässigkeit in den Gefühlen und Empfindungen. Am Ende bekennt Marlene in ihrer Biografie, dass sie eine wunderbare Kindheit gehabt habe, »und viel Glück dazu. Trotz meiner Fehler, des Todes meines Vaters, trotz meiner vom Krieg geprägten Kinderjahre war meine frühe Jugend schön; ich lernte, auf manche ›guten Dinge‹ zu verzichten und dennoch zu leben.«

Man sagt ihr eine außergewöhnliche Begabung für die Violine nach. Also begleitet die Gouvernante sie jeden Tag

2 | ... dass ich mich so leicht küssen lasse ...

zum Geigenlehrer, und Marlene übt unermüdlich das Violinspiel. Die Gouvernante ist »eine brave Frau«, doch Marlene stört ihre »Wachhundmiene«.

Dann steckt die Mutter das Mädchen 1919 ins Internat in Weimar, wo Marlene beginnt, »Goethe regelrecht zu vergöttern«. Die Schülerinnen lesen »Die Leiden des jungen Werther« und vergießen Tränen. Aber für Marlene bleibt das Internat »kalt und abweisend, die Straßen waren fremd, die Luft roch anders als in meiner großen Heimatstadt«.

Das Mädchen Marlene ist ein romantisches, schwärmerisches Geschöpf und todunglücklich, wenn sie nicht verliebt ist. Dabei wechseln die Personen ihrer Anbetung in Windeseile, mal ist es Tante Vally, dann Rainer Maria Rilke, ein Rittmeister, eine Gräfin, ein Mitschüler. Am längsten währt ihre

Begeisterung für Henny Porten, damals die beliebteste Jung-frau des deutschen Films. Sie schickt Henny Autogramm-karten, wartet stundenlang vor ihrem Haus, nur um sie für Sekunden zu sehen: »Sie war noch schöner als im Film.« Tagebucheintragung vom 17. September 1919: »Schon dass ich mich so leicht küssen lasse, wo soll denn da die Achtung herkommen? Für meine grenzenlose Sinnlichkeit kann ich ja aber nichts.«

Vierzig Jahre später erzählt Marlene ihrer Tochter Maria Riva, wie sie von ihrem Musiklehrer in Weimar auf ziemlich unromantische Weise defloriert wurde. Mutter Josephine holt sie nach Berlin zurück.

Professor Flesch von der Musikakademie wird ihr neuer Geigenlehrer. Marlene muss acht Stunden am Tag Bach üben; um sich von dieser Qual zu befreien, holt sie sich eine Sehnenscheidenentzündung: »Die Solo-Sonaten von Bach waren für meine Verletzung verantwortlich.« Ihre Karriere als Violinistin geht zu Ende, ehe sie angefangen hat.

Marlene beschließt, Theaterschauspielerin zu werden. Sie spricht mit ihrer gewohnten Naivität am Max-Reinhardt-Se-minar vor, trägt Gretchens Gebet vor, wird angenommen. Das ist jedenfalls Bestandteil der Dietrich-Legende. »Wir be-gegneten unserem Direktor nie, aber sein Ruf versetzte alle Schüler in Angst und Schrecken.« Dazu Josef von Sternberg: »Ich war dabei, als sie später Max Reinhardt erzählte, dass sie seine Schule besucht habe. Daraufhin benötigte er Minuten, um seine Augenbrauen wieder in ihre gewohnte Position zu bringen.«[5]

Eine der Mitschülerinnen ist Grete Mosheim. Mit ihr stellt Marlene sich bei Rudolf Sieber vor, dem Regie-Assistenten von Joe May, der für den Film *Die Tragödie der Liebe* »Halb-weltdamen« suchte. So kommt es für Marlene Dietrich zu ihrer ersten Begegnung mit dem Film und ihrem späteren Ehemann. Marlene »besaß kein besonderes Talent und wusste das auch«.

Die junge Elevin ist über beide Ohren in Rudolf Sieber verliebt. Zu Hause probt sie im Kleid ihrer Mutter, wiegt sich in den Hüften wie »eine Lebedame«. Sie mimt in unzähligen Bühnenstücken mit, oft hat sie nur einen Satz zu sagen, verbringt mehr Zeit damit, sich zu schminken, als zu schauspielern. »Ich spielte beispielsweise die Rolle eines Dienstmädchens im ersten Akt eines Stückes, fuhr dann mit der Untergrundbahn oder mit dem Bus zu einem anderen Theater, wo ich im zweiten Akt eines anderen Stückes eine Matrone war, und beschloss den Abend als Dirne im dritten Akt eines dritten Stückes.«[6]

»Ich küsse Ihre Hand, Madame«

Die unbekannte Nebendarstellerin spielt in »Der große Bariton« neben Albert Bassermann und in Shaws »Eltern und Kinder« neben Elisabeth Bergner, lernt die große Theaterwelt kennen, wenn auch nur aus der Distanz. Rudolf Sieber schlägt Marlene vor, ein Monokel zu tragen, um aufreizender zu wirken: »Damals war ein Monokel der Gipfel des ›Makaberen‹ ... Ich war blind wie eine Fledermaus, aber das Monokel hielt.«[7]

Marlene besitzt eine der größten Requisitenkammern der Stadt, die sie sich von den Bühnen Berlins zusammengeklaut hat. Sie hat Kleider in allen Farben und Moden, Glacé- und Netzhandschuhe, Schals, Handtaschen und Hüte. Als sie sich um eine Statistenrolle beim Film bewirbt, erscheint sie mit Monokel und in einem Mantel, über dem der Pelz eines langen roten Fuchses hängt. Damit ist sie nicht zu übersehen. Für die Rolle nimmt man ihr zwar den Fuchs ab, lässt ihr aber das Monokel.

Rudolf Sieber erzählte häufig, dass ihm neben Marlenes tief ausgeschnittenem Kleid ihre grellgrünen Handschuhe besonders aufgefallen seien. »In diesem verrückten Kostüm sah sie lächerlich aus. Wie ein Kind, das sich als Erwachsene verkleidet! Ich wollte lachen, aber natürlich konnte ich nicht. So gab ich ihr die Rolle.«[8]

Am 17. Mai 1923 wird Marlene Dietrich Frau Rudolf Sieber. Die Hochzeit findet in Altberlin in der Kaiser-Wilhelm-Gedächtniskirche statt, der Kirche mit den prachtvollen Türmen. Die Braut wäre gern in einer Pferdekutsche vorgefahren, aber Mutter Josephine mietet stattdessen einen großen Packard.

Das einzige Kind der Dietrich kommt am 13. Dezember 1924 zur Welt. Es heißt Maria und nennt sich später selbst »Heidede«.

3 | Die »wilden Zwanziger«

Das Berlin der »Roaring Twenties« übte auf alle Welt eine gewaltige Faszination aus mit seinen Cafés und Etablissements, den Bars und Kabaretts, den Koksern und Transvestiten. Die Stadt war eine große Bühne, auf der die Paradiesvögel, Künstler, Gigolos und Traumtänzer ihr rauschhaftes Leben zelebrierten, ein Ort sexueller Hemmungslosigkeit, voller Jazz, Charleston-Babys und freizügiger Geschöpfe mit langen Zigarettenspitzen.

Vor allem aber war das Berlin von damals ein Ort der künstlerischen Avantgarde. Im wartesaalhohen »Romanischen Café« an der Gedächtniskirche treffen sich Maler, Dichter und Mimen, der Schachweltmeister Emanuel Lasker spielt dort seine Partien. Später klimpert noch bis in die frühen Morgenstunden bei der Kneipenwirtin Änne Maenz, die Lubitsch entdeckt hatte, der Klavierspieler Engel für die betrunkenen Gäste Fugen von Bach. Anzutreffen sind hier Gustaf Gründgens und Max Hansen, der von Marlene verehrte Tenor Richard Tauber, der kahlköpfige Dichter André

Gide, Klaus und Erika Mann. Man spricht in Berlin über Bert Brechts neues Stück, beklatscht im Metropoltheater Fritzi Massari in ihrer neuen Revue, geht »… und abends in die Skala« oder in die extravagante Bar »Eldorado«, wo meist die Damen Herren sind und die Herren Damen.

Berlin war für einen historischen Augenblick ein Weltereignis in Großaufnahme, wie es die Stadt später nie wieder sein sollte. Berlin war eine Wolke, und Marlene obendrauf. Das Mädchen aus gutem Hause, die Soldatentochter mit den preußisch-blauen Augen, die nicht weint.

Marlene soll Boxunterricht bei einem türkischen Trainer genommen haben, sie erprobt sich in vielen Disziplinen. Mit ungeheurer Energie kutschiert sie durch die Stadt, lotet ihre künstlerischen Möglichkeiten am Theater in kleineren und größeren Rollen aus. Sie tritt auch im Tingeltangel auf, dank der Ballettausbildung in ihrer Kindheit kann sie in der Tanztruppe die Beine werfen. Doch keines ihrer vielen Talente reicht aus, um groß herauszukommen. Sie genießt den Trubel, taumelt mit Freunden durch die Nacht von Berlin, lässt sich von Transvestiten bewundern, ihr Liebling ist ein Blonder, dessen Markenzeichen weißer Zylinder und Röschenhöschen sind.

Im Stummfilm hat sie Rollen bei Regisseuren wie Joe May und Kurt Bernhardt, sie spielt mit dem Sensationsdarsteller Harry Piel zusammen in einem Streifen, aber sie bleibt ein Gesicht unter vielen. Frech, kindlich und ein wenig mollig,

Max Beckmann, Varieté, 1924

wie alle andern auch. Schlank gehungert hat sie sich erst später in Hollywood. Dass Marlene Dietrich in G. W. Pabsts *Die freudlose Gasse* (1925) mit Greta Garbo, ihrer größten Hollywood-Konkurrentin, zusammen in einem Film gespielt haben soll, gehört allerdings ins Reich der Fabel.

Vor und nach der Geburt ihrer Tochter Maria macht Marlene ein Jahr Pause, übernimmt für kurze Zeit die Rolle der guten Hausfrau und Mutter. Danach stürzt sie sich wieder in das nächtliche Tohuwabohu.

1925 geht die Garbo nach Hollywood, Hindenburg wird Reichspräsident, Hitler veröffentlicht den ersten Band von »Mein Kampf«, der Film des Jahres ist *Goldrausch* von Charles Chaplin, Hemingway wird bekannt mit »Fiesta« und Goebbels als Gauleiter. Marlene schreibt in ihr Tagebuch: »Ich spiele Theater, mache Filme und verdiene viel Geld ... Kein Mensch versteht, warum ich an dem Kind so hänge ...« Ohne dass es ihr bewusst ist, wird Marlene allmählich eine Berühmtheit in Berlin. Rudolf Sieber fährt einen Sportwagen mit zusammenfaltbarem Stoffverdeck und weichen Ledersitzen und richtet sich einen Taubenschlag auf dem Dach unter dem Himmel von Berlin ein. Marlene geht 1927 nach Wien, dreht dort einen Film und hat ein Techtelmechtel. Eine Freundin Marlenes zieht in die Berliner Wohnung ein – sie heißt Tamara, wird aber Tami genannt, ist weißrussische Emigrantin und kümmert sich um das Kind, nennt es »Mariachen«.

Als Marlene aus Wien zurückkehrt, bringt sie Willi Forst mit. Tochter Maria fällt auf, dass Marlene einen Nerz trägt, dass selbstverständlicher Luxus in die Dietrich-Sieber-Familie einzieht, ohne großes Aufhebens.

Marlene tritt in der erfolgreichen Revue »Es liegt in der Luft« von Mischa Spoliansky auf, singt im Duett mit dem Star Margo Lion. In Berlin wird »Die Dreigroschenoper« aufgeführt, Amerika exportiert einen neuen Film, in dem ein Mann mit schwarzem Gesicht singt. Marlene über *The*

Jazzsinger: »Nun, wenn der Ton kommt, werden die Schauspieler nicht mehr mit den Augen arbeiten – statt Gesichter wird es nur noch dummes Gerede geben.«

Marlene Dietrich ist Ende der zwanziger Jahre noch längst kein Star. Aber sie ist eine auffallende Schönheit in den Kaschemmen der großen Stadt: »Allmählich wurde sie bekannt für ihren scharfzüngigen Witz und ihre grenzenlose Sinnlichkeit«, erinnert sich Tochter Maria.

Dann erscheint Josef von Sternberg auf der Bildfläche, und »die Legende unserer Zusammenarbeit begann«[9]. Sieber muss mit Marlene in der Stadt Huren aufsuchen, sie braucht Zylinder und Strapse, und ganz dringend ein Spitzenhöschen: Die fesche Lola steht kurz vor ihrer Geburt.

4 | Die fesche Lola

Und es wurde keine leichte Geburt. Im Drehbuch von Marlenes Leben ist nun Action angesagt, Großaufnahme, Kamerafahrt in den Ruhm. Zu Hause jammert sie: »Immerzu sagt mir Sternberg, ich kann nicht die ›feine Dame‹ spielen. Dauernd schreit er mich an! ›Sie sind eine Schlampe! Haben Sie das verstanden, meine verehrte Weimarer Mädchenpensionatsabsolventin!‹«

Marlene glaubt nicht an den Erfolg des gemeinsamen Films, obwohl er in der Luft liegt. Und auch bei der Ufa glaubt niemand daran. Die Filmgewaltigen begreifen selbst nach der glanzvollen Premiere des *Blauen Engel* nicht, welchen Goldfisch sie da an der Angel haben, und versäumen es, den Vertrag mit Fräulein Dietrich zu verlängern: »Keiner der Verantwortlichen der Gesellschaft nahm übrigens meine künftige Filmkarriere ernst.«

So kann sie problemlos andere Angebote annehmen. »Die einzige authentische *femme fatale*, die der deutsche Film hervorgebracht hat, wurde … sehr bald ein Idol des internationalen Kinos: Marlene Dietrich … Schon 1930 war sie eine singuläre Erscheinung der Film- und Kinogeschichte, den

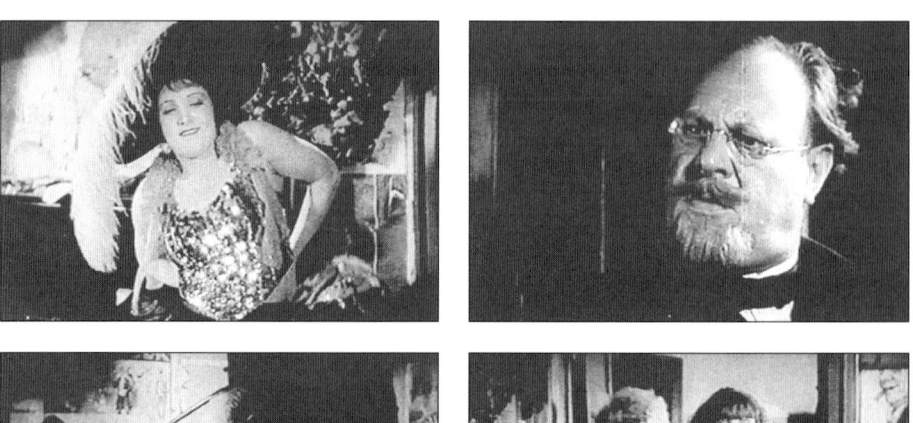

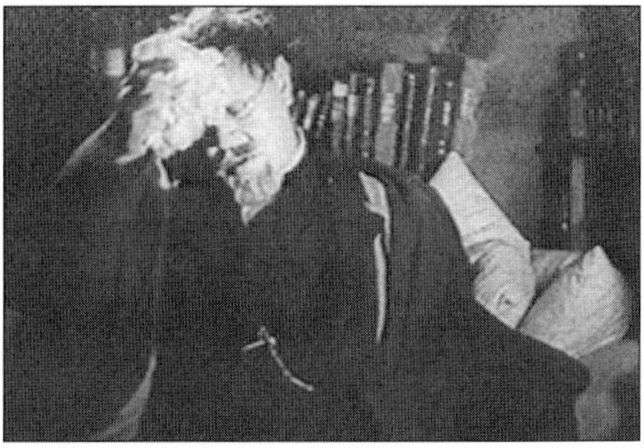

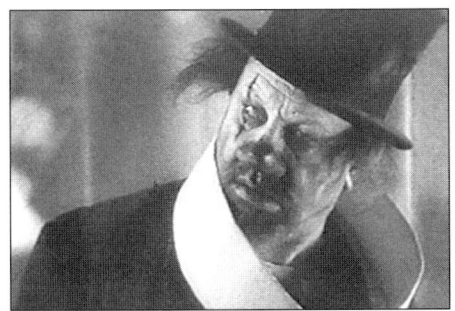

Szenenbilder aus Marlenes erstem
Erfolgsfilm »Der blaue Engel«,
Regie: Josef von Sternberg, 1930

Deutschen entrückt und für Hugenbergs Ufa einige Dimensionen zu groß – im selben Jahr begann unter den Fittichen Sternbergs und der Paramount ihr Aufstieg zur faszinierenden erotischen Kunstfigur.«[10]

Später hätte man Marlene Dietrich gern aus Hollywood zurückgeholt, doch da war es zu spät, denn mit Herrn Dr. Goebbels wollte sie nichts zu tun haben. Sie hat, im Gegenteil, in den letzten Kriegsjahren als Captain der US-Army mitgeholfen, die GIs bei guter Laune zu halten und Deutschland von den Nazis zu befreien, was reaktionäre Kreise der deutschen Bevölkerung nach 1945 als »Verrat« angesehen und ihr bitter übel genommen haben.

Nur im fernen Amerika bemerkt man, dass in Berlin ein neuer Stern am Kinohimmel erstrahlt. Am 29. Januar 1930, noch vor der Premiere des *Blauen Engel*, trifft ein Telegramm aus Hollywood bei den Dietrichs ein: »Würden uns freuen, Sie in die glanzvolle Reihe der Paramount-Schauspieler aufnehmen zu dürfen. B. P. Schulberg, Vizepräsident.«

Marlene will gar nicht aufgenommen werden. Und sie will nicht nach Amerika: »Ein Land, das einen Hund zum Filmstar macht, kann man nicht ernst nehmen.« Gemeint war der Schäferhund Rin Tin Tin, der Legende nach in einem verlassenen Schützengraben des Ersten Weltkriegs gefunden, der in einem riesigen Bungalow in Hollywood lebte, für den 400 Dollar (!) die Woche Honorar gelöhnt wurden und der mit seinen populären Filmen Warner Bros. vor dem Ruin rettete.

Josef von Sternberg bekniet Lola Lola, das Angebot aus der Traumstadt anzunehmen. Sie weigert sich: »Vaterland und Muttersprache aufzugeben, ist, selbst wenn gewisse Umstände einen dazu zwingen, eine furchtbare, fast unerträgliche Schicksalsprüfung.«[11] Erst als auch Rudolf Sieber seiner Ehefrau rät, diese einmalige Chance wahrzunehmen, ist Marlene bereit, die neue Welt zu erobern.

Paramount bietet ihr einen Siebenjahresvertrag an, doch für eine so lange Zeit will Marlene sich nicht festlegen. Sternberg verspricht, mit dem Studio zu verhandeln. Man einigt sich auf eine Option für zwei Filme und eine Klausel, wonach »Miss Dietrich« ihren Regisseur frei wählen darf. Ein solches Zugeständnis hatte man einer unbekannten Schauspielerin noch nie gemacht. Marlene Dietrich sollte nicht lange unbekannt bleiben.

Am 31. März 1930, nach der Premiere **5 | Hollywood** von *Der blaue Engel*, checkt Marlene auf der »SS Bremen« Richtung New York ein. Schon auf dem Ozeanriesen beglückwünscht Josef von Sternberg sie mit einem Telegramm zu ihrem neuen Film: »Er heißt *Morocco* stop Du wirst wieder fabelhaft sein stop Jo.« Marlene kabelt zurück: »Wer wird mein Gegenspieler sein?« Sternberg: »Gary Cooper.«

Bei der Ankunft in New York erklärt ihr der charmante Mr. Blumenthal von der Paramount, dass sie in ihrem grauen Kostüm das Schiff nicht verlassen könne. So muss sie in den Laderaum des Schiffes klettern und aus ihren Koffern ein schwarzes Kleid und einen Nerzmantel hervorziehen, um sich der »Neuen Welt« in glitzernder Robe zu präsentieren.

Der Erfolg der Filmstudios hing damals vom Glanz ihrer Stars ab, der Konkurrenzkampf tobte mit aller Härte. Metro-Goldwyn-Mayer hatte die schwedische Sphinx Greta Garbo unter Vertrag, Paramount musste nachziehen und eine vergleichbare Sexgöttin aus dem Hut zaubern: eine exotische Schönheit von europäischer Kultiviertheit, mit möglichst fremdländischem *accent*. All das schien die geheimnisvolle »Miss Dietrich« zu bieten, zudem sah sie der Garbo ähnlich. Entgegen ihrem Image behauptete Marlene Dietrich später ganz unterkühlt in ihren Memoiren: »Das Rätselhafte ist noch nie meine Stärke gewesen.«

Nachdem in New York der Paramount-Mann Walter Wanger sich die Frechheit herausnimmt, Marlene in einem Speakeasy-Lokal zu betatschen, lässt sie ihn auf der Tanzfläche stehen und fährt mit der Bahn im Salonwagen nach Kalifornien, wo Sternberg in Albuquerque zusteigt. Der Empfang in Beverly Hills ist Dietrich-like: eine Villa, Blumenberge, vom Studio als Geschenk ein grüner Rolls-Royce, den man später in dem Film *Morocco* sehen wird, zwei Dienstmädchen. Sternberg richtet Marlene ein Konto mit 10 000 Dollar Vorschuss ein. Sie überweist Geld nach Berlin und schreibt, sie freue sich auf ihren neuen Film mit Josef von Sternberg, »aber ich habe furchtbares Heimweh«.

Als Vorlage für den neuen Film dient ein Roman von Benno Vigny, »Amy Jolly, die Frau aus Marrakesch«. Der Regisseur hat ihn Marlene vor seiner Abreise geschenkt, und als sie von ihm erfährt, dass er dieses Buch verfilmen will, telegraphiert sie zurück: »Schwache Limonade.« Sternberg: »Sie hatte völlig Recht, was die Thematik des Buches anbelangte, aber sie konnte nicht ahnen, warum man sich trotzdem dafür entschieden hatte. Ich hatte mir absichtlich einen Stoff ausgesucht, der gut in Bilder umzusetzen war und nicht aus lauter Wortkaskaden bestand.«

Als die Dreharbeiten zu *Morocco* beginnen, ist Marlenes Englisch weit davon entfernt, perfekt zu klingen, vom amerikanischen Sound ganz zu schweigen. Bei dem Satz »I won't need any help« explodiert das p im Kopfhörer des Toningenieurs wie ein geplatzter Luftballon. Es wird einer der schlimmsten Tage im Leben der Dietrich. Alle Vorschläge des Tonmanns, man könne das Wort ja später einflicken oder mit dem Tuten eines Nebelhorns übertönen, lehnt der Regisseur ab. Die neue strahlende Göttin muss perfekt sein, und dazu gehört auch ihre Stimme.

»Unermüdlich versuchte ich ihr beizubringen, wie sie das fatale Wort auszusprechen hatte«, erinnerte sich Sternberg, »alle anderen im Studio wirkten bleich und verstört, nur ihr schien das Ganze nichts auszumachen. Natürlich hatte sie begriffen, dass irgendetwas nicht stimmte ... Da hatte ich plötzlich einen Geistesblitz. Ich bat die junge Dame, die bis-

her alles ohne mit der Wimper zu zucken ertragen hatte, die vier Buchstaben h-e-l-p auf Deutsch auszusprechen und zu vergessen, dass es sich um ein englisches Wort handelte. Auf Anhieb kam es tadellos heraus!«

Dabei werden 48 oder 49 Takes nötig, Marlene zittert vor Müdigkeit und Erschöpfung, aber dann ist es geschafft. Sie muss vor dem nächsten Tag keine Angst haben. Doch sie gibt zu, dass sie am Beginn ihrer Arbeit in Hollywood Schwierigkeiten hatte, korrekt Englisch zu sprechen und zugleich rätselhaft zu wirken.

Im *Blauen Engel* hatte sie eine ordinäre Schlampe gespielt, in *Morocco* dagegen verwandelt sie sich in eine geheimnisvolle Nachtclubsängerin, die statuarisch in die Ferne sieht, als ihr Schiff in einem exotischen Hafen – vermutlich Casablanca – anlegt. Sie öffnet ihren einzigen Koffer so unglück-

lich, dass alles herausfällt. Da nähert sich ein Gentleman (Adolphe Menjou): »Darf ich Ihnen behilflich sein, Mademoiselle?« Im Amerika jener Tage verlieh das Wort Mademoiselle einer Frau sofort einen zweifelhaften Ruf.

Sternberg düpiert das Publikum, indem er seinen Star in Frack und Zylinder auftreten lässt und den Zuschauern die legendär schönen Beine der Marlene Dietrich vorenthält. Sie trug diese Kleidung auch in der Öffentlichkeit, was in Amerika damals einer Sensation gleichkam. Marlene löste damit eine Mode aus, viele US-Girls imitierten ihre Kostümierung und flanierten ebenfalls in Männerkleidung durch die Straßen.

In Europa war der *Blaue Engel* inzwischen ein großer Erfolg. Die Amerikaner warteten mit der US-Premiere, bis der erste Hollywoodfilm mit Marlene in die Kinos kam.

In *Morocco* kommt Josef von Sternbergs Meisterschaft der Lichtregie und genialen Kameraführung erstmals voll zur Geltung. Die Story der mysteriösen Amy Jolly, die von einem Fremdenlegionär und einem Gentleman-Millionär begehrt wird, sich gelangweilt von ihm umwerben lässt, dann aber doch ihren Legionär pflegt, als er verwundet wird, und ihm durch das Stadttor in die Wüste folgt, wurde Filmgeschichte. *Morocco* ist einer der schönsten Filme Marlenes, gerade weil sie manchmal unsicher wirkt: die verwandelte Lola in einer exotischen Welt, heimatlos irgendwo zwischen Afrika und Hollywood.

6 | Marlene & Greta Marlene war – nach eigener Aussage – eine »verzogene Göre«, als sie nach Hollywood kam. Der einzige Mensch, dem sie gestattet, sie zu bevormunden, zu unterweisen und zu kontrollieren, ist Josef von Sternberg. Und auch ihm erlaubt sie es nur begrenzte Zeit: »Er war mein Beichtvater, Kritiker, Lehrmeister, derjenige, der sich auf alle meine Bedürfnisse einstellte, Berater, Geschäftsmann, Agent ... er war mein absoluter Herr.«[12]

Sternberg arbeitet mit Großaufnahmen, die das Gesicht der Dietrich in seiner unergründlichen Schönheit zur Wirkung bringen, wie es nie zuvor in einem Film gelungen war. Sternberg sagt ihr, wie sie den Kopf langsam nach links drehen soll, mit welcher Betonung sie einen Dialog sprechen soll. In *Morocco* muss »Miss Dietrich« stumm bis zwei zählen, dann zu Gary Cooper sagen: »Sie gehen jetzt besser ...«, sich langsam zur Tür bewegen, bis vier zählen, sich umdrehen, ihn nicht ansehen und sagen: »Ich ...«, innehalten, wieder bis vier zählen, jetzt den Blick auf sein Gesicht richten, nicht blinzeln und sagen: »... habe Sie allmählich gern.«

Im Studio ist man begeistert von diesem »sexy look« zwischen Cooper und Marlene, sie selbst findet das Ganze eher erheiternd, weil der Zuschauer nicht ahnt, dass sie dabei bis vier zählen musste. Als *Morocco* 1931 in den USA herauskam, hatte Marlene Dietrich auch die Vereinigten Staaten erobert, war sie endgültig ein Weltstar geworden.

Als undurchsichtige Barsängerin folgt sie ihrem Legionär Gary Cooper durch das herzförmige (!) Stadttor in die Wüste, streift dabei ihre Stöckelschuhe ab – eines der schönsten Happy Ends der Filmgeschichte. Kokotten, Mätressen, Nachtgestalten, das war eben ihre Welt: »Meiner Meinung nach habe ich immer ›liederliche Mädchen‹ gespielt, und sie waren, wie Sternberg sagte, sicher interessanter als die ›braven Rollen‹.«

Marlene Dietrich ist jetzt ein wichtiges Mitglied der großen Paramount-Familie. Ihre Beine werden vom Filmstudio für eine Million Dollar versichert. Sie entwickelt sich innerhalb kurzer Zeit zur gefürchteten Rivalin für Greta Garbo und Metro-Goldwyn-Mayer. Sternberg dreht mit Marlene den Film *X.27*, in dem sie als schöne Spionin am Ende erschossen wird, die Paramount bringt ihn unter dem Titel *Dishonored* – der deutsche Titel lautet *Entehrt* – heraus. Daraufhin schickt MGM Greta Garbo als *Mata Hari* ins Gefecht. Der melodramatische Schaukampf zwischen den bei-

Marlene
Dietrich

den Vamps war mindestens so atemberaubend und nervenaufreibend wie ihre Filme, wenn nicht spannender.

Marlene droht eine Klage wegen »Entfremdung ehelicher Zuneigung« von Sternbergs Frau. Als sie ihre Tochter Maria nach Hollywood holt, ist ein Glamourstar mit Kind ein unbekanntes Wesen in der Geschichte der Traumstadt. Doch Marlene setzt sich durch. »Zuerst heißt es, dass ich eine Ehe zerstört hätte, und jetzt soll ich keine Mutter sein?« Sternberg schießt bewegende Bilder von seiner Primadonna mit Kind, bei der Paramount ist man begeistert. Wo sollte die Garbo nun so schnell ein Kind herzaubern?

Auch Garbos Geliebte, die Schriftstellerin Mercedes de Acosta, genannt der »weiße Prinz«, läuft zeitweilig zu Marlene über. Die überirdisch schöne Schwedin war versessen darauf, einmal die Jeanne d'Arc zu spielen, doch diese Chance bekam sie nie. Marlene lästerte: »Kann man sich vorstellen, die Garbo, wenn sie Stimmen hört?« Marlene hätte sich gern als Anna Karenina dem Schicksal in die Arme geworfen, das wiederum blieb der Garbo vorbehalten. Die Dietrich weigerte sich, den Film zur Kenntnis zu nehmen. Sie »identifizierte sich mit Figuren, die für ihre Liebe sterben«, glaubt Tochter Maria, bezweifelt allerdings, ob Marlene sich im wirklichen Leben aus Liebe für jemand vor den Zug geworfen hätte.

Als Ehemann Rudi Sieber in Österreich eine Nierenkolik erleidet, fragt Marlene telefonisch in Hollywood bei Mercedes de Acosta nach einem kompetenten Arzt: »Hatte

nicht die Garbo früher Schwierigkeiten beim Pinkeln – oder war es
Stroheim –, als sie damals diesen
furchtbaren Film mit ihm drehte,
in dem sie aussieht wie ein ge-
bleichtes Huhn?«[13]

Marlene schreibt Rudi Sieber
in einem Brief, sie habe Mercedes
wieder gesehen. »Die Garbo macht
ihr das Leben schwer, nicht nur,
weil sie sich mit anderen abgibt –
deshalb liegt sie übrigens mit Trip-
per im Krankenhaus –, sondern
auch, weil sie so ein Mensch ist,
der jedes Stück Zucker zählt, um
sicher zu sein, dass das Hausmäd-
chen nicht stiehlt oder zu viel isst.«

Greta Garbo

Zu Sternberg sagte Marlene während der Vorarbeiten zu
dem Film *The Scarlett Empress*: »Weißt du, dass Travis (gemeint ist Travis Banton, ihr Designer) die Nerzmütze herun-
terhängen lassen will wie in der Französischen Revolution?
Er will nicht, dass die Mütze aussieht wie der Hut, den die
Garbo in *Königin Christine* tragen wird. Ich habe ihm gesagt:
›Ihrer wird aussehen wie ein Fruchtkorb aus Pelz. Alles bei
ihr sieht wie angehängt aus.‹«

Dem Schaukampf zwischen Marlene und der »Göttlichen«
hinter den Kulissen der Traumstadt ließe sich ein eigenes
Kapitel der Sub-Geschichte Hollywoods widmen.

Im Jahr 1931 kehrt Marlene von ihrer **7 | Wo bist du, Jo?**
vorläufig letzten Deutschlandreise nach
Hollywood zurück und bezieht in Beverly Hills eine hinter
Zypressen und Bananenstauden versteckte Villa im Art-déco-
Stil. Es ist eine kalte Pracht, Tochter Maria gefällt nur der wie
von Diamanten funkelnde Swimmingpool. Während sie die-

ses Haus bewohnen, wird die Lindbergh-Entführung Aufsehen erregen, und Gangster werden drohen, auch Marlenes Tochter zu entführen. Die Filme *Shanghai-Express* (1931) und *Die blonde Venus* (1932) entstehen und der französische Chansonnier Maurice Chevalier ist häufiger Hausgast.

Immer wenn der Drehbeginn für einen neuen Film in bedrohliche Nähe rückt, findet Marlene, dass sie zu dick sei, und ernährt sich nur noch von Kaffee, heißem Wasser, Epsom Bittersalz; dazu raucht sie und nascht rohes Sauerkraut, Dillgurken oder eingelegte Heringe. Dass sie nicht ein Opfer von Unterernährung oder Beriberi wurde, blieb ihrer Tochter ein Rätsel.

Josef von Sternberg trägt zwar das Hauptverdienst an der Erschaffung ihres Mythos, aber er hat »Marlene nichts gegeben, was sie nicht schon hatte ... denn alles, was die meisten Männer bei einer Frau suchen, konnten sie bei Marlene unschwer finden« [14].

Heimweh nach Berlin begleitet Marlene ein Leben lang, am schlimmsten war es in den ersten Jahren in Amerika. Sie wäre gern nach jedem Hollywood-Film mit dem Schiff wieder nach Hause gefahren, doch der Aufzug der braunen Horden verhindert es.

Man darf nicht übersehen, dass Marlene sehr an der technischen Seite des Filmemachens interessiert war. Auch hier erweist sie sich als gelehrige Schülerin ihres »Meisters«. Das Wunder der Kameraeinstellung, die Bildaufteilung, die Wirkung von Licht und Gegenlicht, die Bestimmung des Blickwinkels, die die Gesichter und Figuren groß und kräftig oder dünn und hochgewachsen erscheinen lässt, all das fasziniert sie.

Bald wird ihr bewusst, dass es auch der genialen Kunst von Sternbergs Licht- und Schattenregie zu verdanken ist, dass ihre marmorne Schönheit in vollem Glanz erstrahlt. Sie lernt, sich im *back light* nicht vollständig umzudrehen, weil man sonst durch das Gegenlicht eine Knollennase bekommt.

Auch das *key light* direkt hinter der Kamera erzeugt bestimmte Wirkungen: Je höher dieses Licht postiert wird, umso länger und schmaler wirkt ein Gesicht auf der Leinwand.

Josef von Sternberg erprobte seine Lichteffekte lange und präzise, ehe es »Aufnahme« hieß und die unvergängliche Marlene Dietrich wieder neu erschaffen wurde. Der Star lernt viel und wandte diese Kenntnisse auch noch an, als Sternberg nicht mehr ihr Regisseur war. Ihr Ruhm erlaubt es ihr, sich auch einmal in die Arbeit eines Beleuchters oder Kameramanns einzumischen.

Daneben bringt sie ein anderes künstlerisches Talent in ihre Filme ein, indem sie die Entwürfe ihrer Kostüme und Hüte, ihres Schmucks und ihrer Accessoires mit gestaltet. Mit Chefdesigner Travis Banton von der Paramount versteht sie sich bestens.

Im *Shanghai Express* will sie, weil sie sich gegenüber *Morocco* zu dick vorkommt, ganz in Schwarz auftreten, was beim damaligen Stand der Technik schwer zu filmen war.

»Shanghai Express«

Eisenbahn, China, Hitze, Huren, dazu eine Prise Revolution
– eine Atmosphäre wie in einer orientalischen Opiumhöhle
mit Schusswechsel soll hingezaubert werden: mit Marlene
als exotischem Vogel.

Also verlangt sie nach Federn. Die Studios waren damals
mit den ausgefallensten Requisiten ausgestattet. Federn in
allen Formen und Farben in großen quadratischen Schach-
teln muss sie nun begutachten. »Straußenfedern? Zu dick.
Silberreiher? Zu schwer in Form zu bringen. Paradiesvögel?
Zu schlecht gefärbt. Reiher? Zu dünn. Schwan? Zu matt. Ad-
ler? Nur für Indianerfilme.«[15] Travis Bantons Geduld mit
Marlene ist unendlich. Schließlich hat er den rettenden Ein-
fall: Er schickt seinen Assistenten los, um die schillernden
Schwanzfedern echter mexikanischer Kampfhähne herbei-
zuschaffen. Damit landet er einen Treffer – Marlene Dietrich
ist zufrieden gestellt.

Zu dieser märchenhaften Kostümierung trägt sie einen ho-
rizontal gestreiften Schleier; auch für ihn findet sie nach langen vergeblichen Versuchen das richtige Modell mit der Be-
zeichnung Schwarz 41: »Damit wurde ihr Gesicht mit einem
Schlag lebendig ... Sie war der seltsamste schwarze Vogel,
den man sich vorstellen kann.«[16]

In der Eröffnungssequenz von *Shanghai Express* sieht man
ein Menschengewimmel und die dampfende, pfeifende Lo-
komotive, die sich langsam durch das Bild schiebt. Die Reise
im Zug nach Peking wird für die bunt zusammengewürfelte
Gesellschaft zu einem romantischen Revolutions-Abenteu-
er; feine Herren erregen sich über die verruchte Shanghai-
Lily (Marlene Dietrich), die es wagt, mit ihnen in dieser Eisenbahn zu reisen. Sie ahnen nicht, dass Lily ihrem ehemaligen Liebhaber, einem englischen Offizier, das Leben rettet.
Die Kameraführung und die Montage erzeugen eine lebendi-
ge und spannende Atmosphäre, Marlenes unterkühlte Haltung, ihr maliziöses Lächeln und ihre strahlende Schönheit
prägen diesen exotischen Film.

Das nächste Dietrich-Sternberg-Opus, *Die blonde Venus,* hat Sternberg vergeigt, der Film wird ein Flop. Das amerikanische Publikum will Marlene nicht als biedere Hausfrau mit Kind sehen, die sich ihrem maroden Ehemann zuliebe prostituiert, sich bleich schminkt und in ihrem früheren Beruf als Varieté-Sängerin tingelt. Die Exposition des Films ist gelungen, Marlene wird von Sternberg in seiner genialen Lichtregie perfekt ausgeleuchtet, aber der Film ermüdet durch zu viel deutsche Innerlichkeit.

Marlene wirbelt im Showbiz und hat ein paar hübsche Songs. Zauberhaft ist ihr Auftritt im weißen Frack und Zylinder oder wenn sie sich in einer Strip-Nummer aus einem Affenfell windet. Der blutjunge Cary Grant, hier in einem seiner ersten Filme, ist Marlenes Liebhaber. Das Melodram wird unter Wert geschlagen. Aber die Zuschauer wollen Marlene lieber als leichtes Mädchen oder als kokette Shanghai-Lily sehen, als Nachtschattengewächs, das mit den Männern und der Liebe spielt und nebenbei Herzen bricht.

Josef von Sternberg geht nach diesem Film auf eine seiner Fernreisen, Marlene fühlt sich von ihm

»verraten«, muss ihren nächsten Film mit einem anderen Links: »Song of Songs«
Regisseur drehen. Die Schnulze heißt *Song of Songs* (1933),
nach einem Roman von Hermann Sudermann, in dem Marlene ein Mädchen vom Lande spielt. Sie findet das Drehbuch
miserabel, läßt sich aber von ihrem Agenten Harry Edington
überzeugen, dass es sinnvoller sei, das Beste aus dem Ganzen zu machen, als mit Paramount wegen Nichteinhaltung
des Vertrages herumzuprozessieren. Das Studio war daran
interessiert, den Regisseur Sternberg von seinem Star zu
trennen: Gemeinsam waren sie eine große Macht, einzeln
konnte man leichter mit ihnen umspringen. Marlene spart
nie einen Pfennig, sie gibt das Geld in großem Stil aus, lebt
seit ihrem Triumph mit dem *Blauen Engel* verschwende-
risch, durch einen Prozess hätte sie sich sinnlos verschuldet.

Ihr Regisseur Rouben Mamoulian ist ein Typ im grauen
Flanell von der Eliteuniversität, kein besessener Hollywood-
Mogul mit Reitpeitsche à la Stroheim oder arroganten Manieren wie Josef von Sternberg. Allerdings ging Mamoulian
der Ruf voraus, der Geliebte der Garbo gewesen zu sein, was
ihm bei der Dietrich nicht gerade Pluspunkte einbringt. Als
Marlene mit ihm zu drehen beginnt, fühlt sie sich im Stich
gelassen, weil die gewohnten Anweisungen von der Regie
nicht kommen. Vom ersten Drehtag ist Marlenes berühmter
Satz überliefert: »Wo bist du, Jo?« Sie nimmt dann schnell
die Dinge selbst in die Hand, gibt über den Kopf der Regie
hinweg Anweisungen an den Kameramann. Ihre Emanzipa-
tion von ihrem Mentor und Entdecker hatte begonnen.

Marlenes rechtmäßig angetrauter Ehe- **8 | Pariser Leben**
mann Rudolf Sieber war ihr Berater in
allen praktischen Lebensfragen. Wenn es ein Problem gab,
rief sie ihn in Berlin oder Paris an, je nachdem, wo er sich
gerade aufhielt. Neben Marlene gab es wenig Raum für andere. Den schmalen Streifen, den sie ihm, der in seinem Beruf
nicht besonders erfolgreich war, ließ, füllte er perfekt aus. Sie

erlaubte ihm ein Leben in Luxus, dafür übernahm er ihre chaotische Buchhaltung.

Rudi gab ihr nach dem *Blauen Engel*, als sie tagelang zögerte, den Rat, das Angebot aus Hollywood anzunehmen. Er musste sich auch anhören, wenn Marlene sich über die Eifersuchtsanfälle ihrer verschiedenen Liebhaber erregte, er organisierte die gemeinsamen Reisen und Hotels, er versuchte Marlenes Verschwendungssucht zu bremsen oder überredete sie zu einem neuen Vertrag oder zur Aufnahme einer neuen Schallplatte, wenn Ebbe in der Kasse war.

Rudi Sieber muss sofort aus Deutschland kommen, als unbekannte Kriminelle ankündigen, dass sie Marlenes Tochter Maria entführen würden, falls sie kein Lösegeld zahlt. Am 30. Mai 1932 erhält der neue Hollywoodstar aus Deutschland folgende Mitteilung: »Du kannst es selbst entscheiden. Dein Geld oder das Todesurteil.« Marlene Dietrich, die preußische Soldatentochter, bleibt hart und zahlt nicht. Sternberg und Sieber patrouillierten schwer bewaffnet um die Villa in Beverly Hills, Leibwächter kommen hinzu, sind jahrelang Marias ständige Begleiter. Das Kind wurde nie entführt.

Im September 1932, nach Abschluss der Dreharbeiten zu *Die blonde Venus*, packt Marlene Sehnsucht nach Berlin. Rudi telegrafiert: »Du solltest nicht nach Deutschland kommen stop politische Lage jetzt gefährlich.« Marlene verbringt ihren Urlaub an der Ostküste in New York.

Nach ihrem nächsten Film, *Song of Songs,* warnt Rudi sie erneut vor einer Reise in die Heimat: »Lage in Berlin schrecklich stop jeder rät davon ab dass du kommst stop die meisten Bars und Theater sind geschlossen stop Juden von Paramount Berlin sind über Wien Prag nach Paris geschafft worden stop ich erwarte dich in Cherbourg sehnsüchtige Küsse Papi.«[17]

Marlene und Rudi sprachen sich damals als »Papi« oder »Papilein« und »Mutti« an. Marlene hört auch diesmal auf Rudi, kommt über das Ambassador Hotel in New York auf der »Europa« in Cherbourg an. Damals reiste man noch mit dem Schiff über den Atlantik, überdies hat Marlene Dietrich eine tief sitzende Abneigung gegen Flieger. Es wird eine unterhaltsame und amüsante Europa-Tour für den Dietrich-Clan, bestehend aus Marlene, Rudi, Tami, Maria und Teddy, dem Hund.

Als bekannt wird, dass Marlene in Paris in Männerkleidung auftreten würde, verursacht das heftige Reaktionen, die französische Modeindustrie befürchtet wegen des Nachahmungseffektes schwere Verluste. Die Geschichte löst dann weltweit Schlagzeilen aus und wird für nahezu dreißig Jahre zum *running gag*, wenn Marlene irgendwo erscheint, bis man sich endlich auch an Hosen bei Frauen gewöhnt hatte.

Der Dietrich-Clan logiert im eleganten Trianon-Palace-Hotel in Versailles. Marlene schwebt durch die Räume, ist die Liebenswürdigkeit in Person und setzt sich morgens an den perfekt gestimmten Flügel, um die Lieder für die neue Polydor-Schallplatte einzustudieren.

In ihrer neuen Rolle als Übermutter versorgt sie im Hotel die aus Deutschland geflohenen Künstler: Mischa Spoliansky, Friedrich Hollaender und Peter Kreuder waren bereits angekommen, andere sollten folgen. Kreuder kehrte allerdings nach Nazi-Deutschland zurück und nahm den Platz ein, den andere Emigranten frei gemacht hatten.

Die Dietrichs besuchen Modeschauen von Patou, Lanvin, Molineux, aber nicht von Coco Chanel, der berühmten Lady, die das »Kleine Schwarze« erfunden hatte. »Kleider aus Seide und Satin, Samt und Wolle, Georgette und Krepp, Federn, Perlen, Fransen und Tressen zogen an uns vorüber.«[18] Marlene kauft zwar hemmungslos die neuesten modischen Creationen, aber keine Kleider, die sie im »wirklichen Leben« tragen konnte.

Wenn Marlene Dietrich sich in der Öffentlichkeit in einem Lokal zeigt, geht ein Raunen durch den Saal. Sie genießt ihren Ruhm, bewegt sich als traumhaft schöner Filmstar wie auf einer einsamen Insel. Die Dietrichs speisen im »Little Hungary«, dem man das beste Gulasch Europas nachsagte, oder im »Belle Aurore« mit seinen phantastischen *hors d'œuvres*. In beiden Restaurants ist der von Rudi Sieber bevorzugte Tisch ständig reserviert. Die Chefkellner der feinsten Restaurants in Paris leben in Furcht vor Rudi, denn er kann sich schrecklich echauffieren, wenn er nur den Schatten eines Haars in der Suppe findet. Wen sein Bannstrahl traf, der musste damit rechnen, dass der gesamte Dietrich-Clan sich erhob und wortlos das Etablissement verließ, was natürlich dem Ruf des Restaurants nicht zuträglich war.

Die Europareise der Dietrichs führt weiter nach Österreich, wo Marlene sich mit Mutter und Schwester in einem Dorf in den Bergen, das kein Reporter auf der Landkarte fand, unbemerkt trifft. Marlenes Tochter Maria über die Oma: »In Gegenwart meiner Großmutter hatte ich immer noch das Gefühl, vor dem obersten Gericht des Landes zu stehen.«[19] In Wien findet Marlene in Matinee-Idol Hans Jaray einen neuen Anbeter, der so »wunderbare Augen« hat, weshalb sich ihre »Heimreise« nach Hollywood immer wieder verzögert.

Sternberg, der an den Vorbereitungen zu *Scarlet Empress* (1934) arbeitete und seinen Drehplan platzen sah, sandte seinem Star verzweifelte Hilferufe: »Ich werde mit tausend Sorgen allein gelassen stop Du bist ein wunderbarer Mensch und ich weiss dass du deine Verpflichtungen einhältst stop Sei deinem armen Regisseur nicht böse.«

Tochter »Heidede« hat das singende, klingende, swingende Wien mit Mozart, Schlagobers und den pausenlosen Walzerklängen über. Der Dietrich-Clan kleidet sich in Salzburg noch schnell mit Dirndl, Gamsbart und Lederhose ein. Dann kehrt Marlene mit ihrer Tochter im September 1933 auf dem Ozeanriesen »Paris« in stürmischer See nach Amerika zurück.

Selbst ein leuchtender Stern am Kino- **9 | Hemingway und**
himmel, sonnte Marlene Dietrich sich **andere Celebrities**
gern im Glanz anderer Berühmtheiten.
Allerdings pflegte sie mit Filmstars, von Ausnahmen abgesehen, nach den Dreharbeiten keinen Umgang, sie waren in
ihren Augen »fahrendes Volk, Zigeuner«. Sich selbst sah sie
als »Aristokratin« unter den Kinomimen.

Es gibt Cafés oder Restaurants, die frequentiert ein Weltstar nicht nur, um gesehen zu werden, sondern um dort andere Berühmtheiten zu treffen, zu begrüßen und zu umarmen. Marlene war bekannt mit Jean Cocteau und Orson
Welles, Ernest Hemingway und Charles de Gaulle, Edith
Piaf, Noël Coward, Igor Strawinsky und vielen anderen großen Zeitgenossen.

Ihre erste Begegnung mit Ernest Hemingway, der ihr
angeblich das Schreiben beigebracht hat, ist vielfach kolpor-
tiert worden. Als Marlene im Frühjahr 1934 auf der »Ile de

France« nach Amerika unterwegs ist, schreitet sie auf dem Ozeanriesen in einem schneeweißen, rückenfreien Abendkleid in den First-Class-Speisesaal. Über den Zufall, der sie zusammenführte, berichtet die Dietrich später einem Ghostwriter der Zeitschrift »This Week«: »Ich betrat den Speisesaal, um an einer Dinnerparty teilzunehmen. Die Männer standen auf, um mir einen Platz anzubieten, aber ich sah sofort, dass ich als dreizehnte am Tisch Platz nehmen würde. Ich entschuldigte mich damit, dass ich abergläubisch sei, und wollte gehen, doch ein großer Mann trat mir in den Weg und sagte, er würde mit Vergnügen die Nummer vierzehn spielen. Dieser Mann war Hemingway.«

Der Schriftsteller befand sich auf der Rückreise von seiner ersten Afrika-Safari und war durch »In einem anderen Land« soeben zu frischem Ruhm gekommen. Der Roman wurde mit Gary Cooper und Helen Hayes verfilmt.

Ob Marlenes Abendkleid tatsächlich ein rückenfreies war und Hemingways Anzug zerknittert, spielt für die Nachwelt keine Rolle mehr. Die beiden verband von da an eine lebenslange Freundschaft, Hemingway nannte sie »Kraut« und Marlene ihn »Papa«, aber es war eine platonische Liebe, obwohl der große Dichter-Torero die Welt gern das Gegenteil glauben lassen wollte.

Mit Mae West traf Marlene sich nur in der Garderobe – Mae war ebenfalls ein Paramount-Star, und die Garderoben der beiden Frauen lagen nebeneinander –, mit Billy Wilder hat sie nach dem Zweiten Weltkrieg zwei Filme gedreht, nachdem sie mit der US-Army, die Frankreich von den Nazis befreite, in Paris einmarschiert war. Als Billy Wilder Marlene wieder einmal in Paris traf, fragte er sie: »Ehrlich, Marlene, hast du mit Eisenhower geschlafen?« Sie: »Wie hätte ich? Er war nie an der vordersten Front.«

Marlene gab eigenwillige Kommentare über ihre berühmten Zeitgenossen ab. Ihre Urteile über Kollegen fielen nicht immer schmeichelhaft aus, entbehren aber nicht einer ge-

wissen Originalität. James Stewart hielt sie für den Erfinder des minimalistischen Stils »Wo ist denn mein zweiter Schuh geblieben?«, Fritz Lang war für sie ein Sadist (»Ich hätte ihn erwürgen können«), und Gary Cooper bezeichnete sie als »eingebildeten Cowboy«, was sie nicht daran hinderte, ihn in die glanzvolle Galerie ihrer prominenten Liebhaber aufzunehmen.

Marlene über CAROLE LOMBARD: »Die Lombard kann sehr komisch sein. Wenn sie die richtigen Rollen bekommt, kann sie ein großer Star werden ... Sie möchte aussehen wie ich.«

Über FRANK SINATRA: »Der unbestrittene König des Varietés ist, im Gegensatz zu dem, was gemeinhin über ihn gesagt wird, ein sehr liebenswürdiger Mann ... Sinatra hat gegenüber uns Frauen einen großen Vorteil: Er kann sich schlagen, sich körperlich gegen die Journalisten wehren.«

Über EDITH PIAF: »Sie machte mich schwindelig mit all ihren Liebhabern, die ich verstecken oder in verschiedene Zimmer ihrer Wohnung führen musste.«

Über ERNEST HEMINGWAY: »Ich habe ihn vom ersten Augenblick an geliebt ... Er hat mir das Schreiben beigebracht und mich davor gewarnt, zu viele Adjektive zu gebrauchen.«

DIE BIOGRAFIE 77

Orson Welles,
Marilyn Monroe

Über JEAN GABIN: »Die Fassade des harten Kerls und seine männliche Haltung waren aufgesetzt. Er war der empfindsamste Mensch, den ich kannte.«

Über JOAN CRAWFORD: »Diese furchtbare vulgäre Frau mit ihren vorstehenden Augen schlägt ihre Kinder. Sie prügelt sie grün und blau und behauptet dann immer, sie seien von ihren Fahrrädern gefallen.«

Über BILLY WILDER: »Er war ein Baumeister, der sein Handwerkszeug kennt, um das Gerüst zu erstellen, an dem er die Girlanden seines Humors und seiner Weisheit aufhängt.«

Über ORSON WELLES: »Er wird für immer das ›Wunderkind‹ des Films bleiben.«

Über SPENCER TRACY: »Wir haben oft zusammen gelacht, er hatte einen ähnlichen Humor wie ich.«

Über MARILYN MONROE: »Sie war ein echtes Sexsymbol, denn sie war nicht nur von Natur aus sexy, sondern es gefiel ihr auch.«

Über MAE WEST: »Sie war für mich ... ein Felsen, an den ich mich klammerte, eine intelligente Frau, die mich verstand.«

Über RUDOLF NUREJEW: »Ich habe nie einen eitleren Menschen kennen gelernt.«

Und über GOTT: »Natürlich ist die Bibel das beste Drehbuch, das je geschrieben wurde, aber man kann wirklich nicht daran glauben.«

10 | Katharina die Große

The Scarlet Empress (1934) wurde ein düsterer Film, bunt, grell, grausam, und dennoch ohne Farbe. Man gab ihm den deutschen Titel Die scharlachrote Kaiserin, rot war allerdings nur das Blut, das in der Phantasie des Zuschauers im alten Russland floss.

Sternberg hatte die Vorarbeiten geleistet, als Marlene in Hollywood eintrifft. Die prunkvolle Ausstattung des Films besorgte Hans Dreier. Musik nach Motiven von Tschaikowsky und Mendelssohn. An schweren Portalen prangen Ikonen, religiöse Motive aus dem orthodoxen Russland. An der Rückseite der thronähnlichen Stühle sieht man makabere, gruselige Männerfiguren im Stil El Grecos. Für die weißen Perücken bezog man Haare von Nonnen aus italienischen Klöstern.

Marlene: »Überall diese deprimierenden Gesichter! ... So schlimm war Russland nicht! Ich weiß, dass Jo die ganze ›Dekadenz‹ zeigen will, aber übertreibt er nicht?« Josef von Sternberg war im Begriff, eines seiner letzten großen Meisterwerke zu schaffen, das aber von der Kritik und vom zeitgenössischen Publikum nicht angenommen werden sollte. In den Tagen der Depression wollten die Menschen lieber heitere Filme sehen, die sie von den eigenen Sorgen ablenkten. Zudem kam es während der Dreharbeiten zu tief greifenden Konflikten zwischen Marlene und Sternberg.

Marlene in Gestalt der lieblichen preußischen Prinzessin Sophie Friederike muss in Russland zwangsweise den verrückten Großherzog Peter ehelichen. Das junge Mädchen nutzt die Magie ihrer sinnlichen Ausstrahlung, unterwirft sich die Männer am Hof. Als die Zarin stirbt, will der betro-

»The Scarlet
Empress«

gene Fürst Peter seine Gattin ermorden lassen, doch sie
kommt ihm zuvor. Der Historienfilm beschreibt den Rei-
fungsprozess der Prinzessin zur Frau und gnadenlosen
Herrscherin über Russland und die Männer. Das Monumen-
talwerk schwelgt im bizarren Ambiente des Kreml, seinen
düsteren Hallen und Aufgängen, den Pelzen, dem Kerzen-
schimmer, den Bojaren und den fabelhaften Kostümen der
großen Katharina.

Das sagenhafte flaschengrüne Kleid aus Samt und Nerz,
das Marlene als Zarin trug, war mit seinem Reifrock so über-
dimensional, dass sie mit einem Lastwagen zum Studio gefahren werden musste. Tochter Maria, zwei weitere Damen
und der errötende Truckdriver hoben sie auf den Laderaum,
weil sie allein das Treppchen nicht hochkam. Als der Diet-
rich-Laster im Studio einfuhr, wurde er von einem begeisterten Pfeifkonzert begrüßt.

So wie Marlene in Strapsen und verführerischer Pose auf der Tonne zum Logo des *Blauen Engel* wurde, war der hohe Kosakenhut aus Nerzfell das Symbol der *Scharlachroten Kaiserin*. Das bodenlange Cape mit der runden Kapuze, aus echtem russischem Zobel mit silbernen Haarspitzen angefertigt, hatte ein Vermögen gekostet; Produzent Adolph Zukor muss sich die Haare gerauft haben.

Beinahe klassisch im Stil Eisensteins ist die Szene vom Sturm auf den Zarenpalast: durcheinanderwogende Menschenleiber, Wiehern, stürzende Pferde. Besonders das Hufgetrappel auf der hölzernen Brücke zum Palast beeindruckt, ist furchteinflößend. Marlene wurde bei dieser riskanten Sequenz von einem jungen Stuntman in schneeweißer Husarenuniform und einem langen Regimentsschwert gedoubelt.

Eine Dauerfehde schwelte zwischen Josef von Sternberg und Ernst Lubitsch, damals Produktionsleiter bei der Paramount. Sternberg hatte sich den Spaß erlaubt, eine kurze Massenszene aus dem Lubitsch-Opus *The Patriot* (1928) in seinen Film einzuschneiden, um Kosten für die vielen Komparsen zu sparen. »Mr. Lubitsch, der sein eignes Werk nicht wieder erkannte, beschuldigte mich deswegen der Verschwendung«, schreibt Sternberg in seinen Memoiren. Das Ganze amüsierte ihn so sehr, dass er den Zusammenhang nicht aufklärte.

Zur gleichen Zeit übrigens entstand in England unter der Regie von Alexander Korda ebenfalls ein Film über Katharina die Große, die hier von Elisabeth Bergner verkörpert wurde. Sie war die größere Schauspielerin, aber berühmter wurde der Film mit der Dietrich.

Marlenes Tochter Maria musste Katharina als Kind spielen. Für einen kurzen Moment stieg »Heidede« zum Filmstar auf, nahm aber schnell wieder ihre Rolle als Marlenes Kind ein. »*Die scharlachrote Kaiserin* ist heute ein Klassiker. 1934 hatte sie jedoch nicht den erhofften Erfolg. Inzwischen wissen wir, dass dieser Film seiner Zeit weit voraus war«, konstatiert Marlene in ihren Memoiren.

Eines Tages erfährt die Diva, dass ihr Regisseur ein Verhältnis mit seiner Sekretärin hat. Das verletzt sie. Umgekehrt nimmt sie dieses Recht jederzeit für sich in Anspruch, aber dass es »nur« eine Sekretärin ist, geht zu weit. Sternberg darf ihre Garderobe nicht mehr betreten, auch sein Gulasch wird nicht mehr auf dem Dietrich-Herd gekocht. Marlene stürzt sich nun ihrerseits in ein Abenteuer mit Bing Crosby, was bei den Dreharbeiten die unglaublichsten Grausamkeiten nach sich zieht, die denen des Films in keiner Weise nachstanden.

Das Ende der Drehzeit artet in ein blutiges Gemetzel zwischen dem Regisseur und seinem Star aus. Sternberg und Marlene beschimpfen sich, er läßt sie mit den Worten »Sie vermasseln selbst die einfachste Szene« Takes endlos wiederholen, sie nennt ihn »Tyrann«, »jüdischen Hitler« und »bösartiges Monster«. Marlene als neue Zarin musste die große Glocke der Kathedrale läuten, um ihren Sieg zu verkünden. Sie hatte ein Zugseil, das an einem Flaschenzug befestigt war, herunterzuziehen, und jedes Mal, wenn sie sich dabei streckte, schlug ein schweres Kruzifix an die Innenseite ihrer Schenkel. Der Regisseur läßt sie diese Szene unzählige Male wiederholen, bis aus ihrem strahlenden Siegerlächeln ein gequälter Schrei geworden ist. Sternberg fährt sie an, doch »einen Anflug von Erhabenheit auf ihr hübsches Gesicht zu zaubern«.

Die scharlachrote Kaiserin ist abgedreht. Als Marlene aus ihren weißen Hosen steigt, sind ihre zerschundenen Beine blutig. Doch niemand durfte davon erfahren, schreibt Maria Riva in ihren Erinnerungen. Marlenes Garderobiere und die Tochter behandeln die Beine mit in Alkohol getauchten Lappen und wickeln sie in Handtücher.

Abends kocht Marlene wieder Sternbergs spezielles Gulasch. Doch der Regisseur kommt nicht.

Der Film *The Devil is a Woman* (1935) **11 | The Devil is a Woman**
markiert das Ende der Liaison Dietrich – Sternberg. Der strahlende Star mit den Seidennelken, der Stirnlocke und dem Kleid aus weißem Seidencrêpe und spanischer Spitze war zu einer stilisierten Kunstfigur mutiert. Immerhin hatte Marlene für diesen Film ihre steilen Augenbrauenbögen erfunden, für die sie berühmt wurde. Doch ihr Pompon-Gesicht war eine extreme Übertreibung, mit ihr hatte der Regisseur die Grenze zum Beliebigen, zum Ausstattungs-Overkill überschritten. Außerdem wollte das Publikum keinen weiteren historischen Ausstattungsfilm mit der Dietrich sehen. Marlene selbst sagte dazu: »*Devil* war unser letzter gemeinsamer Film, und ich war darin vollkommen in netzartige und drapierte Stoffe gehüllt.«[20]

Die Geschichte spielt in Spanien zur Zeit Carmens, und Marlene ist die Tänzerin Concha, die Don Pasqual, ihren alternden Gefährten, verhöhnt und zugrunde richtet, ihn mit dem Revolutionär Antonio betrügt, am Ende aber zu Pasqual zurückkehrt. Es bleibt offen, ob als Akt der Sühne oder um ihn völlig zugrunde zu richten.

Eine der prickelndsten Szenen, die dem Zuschauer aber verborgen bleibt, gibt es während der Dreharbeiten zwischen Marlene und Sternberg. Sie fährt in einer offenen Kutsche durch die Menge, ihr Gesicht hinter einer Traube von Luftballons versteckt. Sternberg zerschießt aus den Kulissen heraus die Ballons mit einem Luftgewehr, da erscheint wie durch

Zauberei ihr Gesicht. Sternberg hatte für diese riskante Einstellung tagelang Schießübungen veranstaltet, und als die Szene gedreht wird, zuckte Marlene nicht mit der Wimper – eine furchtlose Frau.

Links:
»The Devil is a Woman«

Am meisten erregte sich Marlene darüber, dass die Kritik behauptete, der Film spiegelte gleichnishaft die Beziehung Dietrich – Sternberg: »Wovon reden diese Leute eigentlich? ... ›Du hast schon immer Eitelkeit und Liebe miteinander verwechselt‹, heißt es im Drehbuch ... Glauben die etwa, eine Zeile aus einem Drehbuch ist die Wirklichkeit?«[21]

Der Streifen ist noch nicht abgedreht, als Josef von Sternberg den Produktionschef Ernst Lubitsch davon unterrichtet, dass er keine weiteren Filme mit der Dietrich machen werde. Er teilt dies auch Marlene mit, doch sie will es nicht glauben.

Nachdem in den Gazetten Meldungen wie »Svengali & Dietrich – Die endgültige Trennung« zu lesen waren, ließ Goebbels in großen deutschen Zeitungen veröffentlichen: »Applaus für Marlene Dietrich, die endgültig den jüdischen Regisseur Josef von Sternberg entlassen hat, der sie immer eine Prostituierte oder sonst wie entehrte Frau spielen ließ.«

Marlene Dietrich beantragte daraufhin öffentlich und in aller Form die amerikanische Staatsbürgerschaft.

Es sind die Tage, in denen Marlene mor- **12 | Lubitsch** gens schon vor dem Frühstück verliebt Gershwins »Rhapsody in Blue« auf den Plattenteller legt und den charmanten Stummfilmliebhaber John Gilbert unbedingt aus den Klauen des Alkohols (»eine entwürdigende Schwäche, die eher für Männer der Unterschicht passt«) erretten will.

Ernst Lubitsch passt Sternbergs Trennung von Marlene gut in den Kram, er gierte schon lange danach, an dessen Stelle zu treten, nicht nur als Regisseur. Lubitsch bereitet den Film *Desire* (1936) mit Marlene vor, der deutsche Titel wurde *Sehnsucht*. Die Dietrich versucht, dem in Vergessenheit geratenen John Gilbert eine Rolle in der Komödie zu verschaffen, doch der Stummfilmstar erleidet vor Drehbeginn eine Herzattacke, woraufhin ihn das Studio feuert.

Die tägliche Regiearbeit übernahm Frank Borzage, Lubitsch bestimmte aber den Film als »künstlerischer Leiter«, und Marlene sah in Borzage Lubitschs Laufburschen.

Gary Cooper war nun bereit, wieder mit Marlene zu drehen, nachdem Sternberg das Weite gesucht hatte. »Hast du je etwas so Eingebildetes gehört? Ein Cowboy, der sich ein Urteil anmaßt?«, ereifert sich Marlene. Das hindert sie aber nicht daran, mit Cooper in den Drehpausen näher auf Tuchfühlung zu gehen.

Komödien liegen Marlene. Travis Banton entwirft ein diagonal geschnittenes Kleid aus Chiffon für die Diva, die sich vom kostümierten Sexualfetisch der Sternberg-Filme plötzlich in eine zeitgemäße Frau verwandelt, elegant, frech, mit ironischem Blitzen in den blauen Augen.

»Desire«

In der Rolle der ausgebufften Hochstaplerin und Juwelendiebin Madeleine de Beaupré benutzt sie den ahnungslosen Gary Cooper auf dem Weg von Spanien nach Frankreich als Kurier für ihre heiße Ware, wird aber im Happy End durch seine treuen Augen bekehrt und auf den rechten Weg gebracht.

»Desire kann als der beste Film gelten, den Marlene Dietrich seit ihrem Abschied von Deutschland gemacht hat«, schrieb immerhin Graham Greene in »The Spectator« am 3. April 1936. Marlene kommt der Erfolg, nach all den überladenen, schwülen, schwer verdaulichen Mammutwerken der späten Sternberg-Epoche, in der sie die Fortune verlassen zu haben schien, gerade recht.

Anschließend soll sie unter der Produktion von Lubitsch in dem Film *Hotel Imperial* eine Bäuerin spielen, was sie abzulehnen versucht. Das Werk erhält dann den Titel *I Loved a Soldier*; Regie führt Henry Hathaway. Doch Lubitsch verlässt

»Desire«

Tatjana

die Paramount rechtzeitig, so dass Marlene ohne juristische Probleme aus dem Film aussteigen kann. Ihre Nachfolgerin Margaret Sullivan bricht sich nach drei Drehtagen das Bein, der Streifen um eine Soldatenliebe bleibt unvollendet.

Der folgende Film *Garden of Allah* (1936) unter der Regie von Richard Boleslawski ist eine elende Schmonzette. Sehenswert einzig die Sonnenuntergänge in der Wüste, Beduinen, Lagerfeuer und die Kamele »im Garten Allahs«, wie die Araber die Sahara nennen. Wichtige Szenen des Films werden in der Wüste von Arizona gedreht, wo ein täglicher Kampf mit Sandstürmen und Wanderdünen das Team zur Aufgabe zwingt, so daß schließlich im Studio nachgedreht werden muss.

Marlene heißt in dem Film »Domina«. Ihr Partner Charles Boyer spielt einen Mönch, der das Kloster verlassen hat und sich weltlichen Genüssen hingibt. Bei den Liebesszenen des Paars Dietrich – Boyer springt keinerlei Funke über, die beiden tappen wie zwei Blinde aneinander vorbei, man gewinnt den Eindruck, dass Marlene vergeblich versuchte, Boyer den Hauch einer Regung abzugewinnen, während er den Fluch seines gebrochenen Gelübdes mit Leidensmiene vor sich hertrug und das Ende des Films herbeisehnte.

1936 fährt Marlene nach London, um dort in der Alexander-Korda-Produktion *Knight Without Armour* aufzutreten. In dem Märchen aus dem zaristischen Russland wickelt Marlene einen Kommissar der Revolutionsarmee um den Finger und entkommt Kerker und Ungemach. Ihr Partner ist der farblose Schönling Robert Donat. Regie führt Jacques Feyer, der später über die Dreharbeiten schrieb: »Marlene Dietrich

hat viel Charme. Sie macht davon mit erstaunlicher Virtuosi-
tät Gebrauch. Man muss bewundern, wie sie ihr Metier bis
ins Detail beherrscht. Da sie natürlich nur ›Marlene-Diet-
rich-Filme‹ dreht, hat sie auch nur die eine Sorge, dass der
Film wirklich ein ›Marlene-Dietrich-Film‹ bleibt.«[22]

Marlene drehte zwei Filme mit Ernst Lubitsch, wenn man
Sehnsucht mitzählt. Für diesen Film wird zwar Frank Borzage offiziell als Regisseur geführt, er ist aber eindeutig eine
Lubitsch-Komödie. Damit hatte sie das Glück, nach der Trennung von Josef von Sternberg unter einem weiteren Meister
seines Metiers zu arbeiten, der eine eigene Konzeption vom
Kino besaß. Sein Stil wurde bekannt als »Lubitsch-Touch«, in
dem Witz und Erotik eine ironische Verbindung eingehen,
die das Publikum auf amüsante Weise schockieren soll.

In seinem zweiten Film mit Marlene Dietrich, *Angel* (1937),
deutsch korrekt mit *Engel* übersetzt, benutzt Lubitsch ein
klassisches Motiv der erotischen Komödie: eine Frau zwi-

»Angel«

schen zwei Männern. Marlene erlebt als Maria Barker, Frau eines britischen Diplomaten in Paris, in einem anrüchigen Etablissement eine kurze Romanze mit einem Unbekannten. Zurück in England, kommt ein Freund ihres Mannes zu Besuch – es ist der »Unbekannte«. Er berichtet Marias Ehemann beim Dinner in ihrer Anwesenheit begeistert von seiner neuen Pariser Eroberung, für Maria eine mehr als peinliche Situation.

Wesentliches Element des Inszenierungsstils von Lubitsch ist seine raffinierte Auslassungstechnik. François Truffaut über den Film: »Wie so oft bei Lubitsch, verlässt die Kamera in dem Augenblick, in dem die Situation den Siedepunkt erreicht, die Gartenseite und nimmt uns mit zur Hofseite, wo wir umso besser die Folgen genießen können. Wir sind in der Küche. Der Butler kommt und geht, bringt zuerst Madames Teller: ›Komisch, Madame hat ihr Kotelett nicht angerührt.‹ Dann der Teller des Gastes: ›So was, der auch nicht.‹ (Tatsächlich hat er sein Kotelett nicht gegessen, aber in hundert kleine Stücke zerschnitten.) Der dritte Teller kommt leer zurück: ›Aber Monsieur scheint das Kotelett geschmeckt zu haben.‹« [23]

Marlene konnte Lubitsch nicht ausstehen und sprach am Ende der Dreharbeiten nicht mehr mit ihm. Zunächst sah es so aus, als sei der Film ein Flop, doch heute zählt er zu den Kino-Klassikern, die immer wieder in Retrospektiven und im Fernsehen gezeigt werden.

Am 30. Mai 1937 erklärt der Verband der US-Kinobesitzer mehrere weibliche Stars zum »Kassengift«, darunter auch Marlene Dietrich. Sie verlässt daraufhin Hollywood, dreht 1937 und 1938 keinen Film mehr und lebt zwei Jahre in Europa. Hauptwohnsitz des Dietrich-Clans wurde das vornehme Hotel Lancaster in Paris. Fast sah es so aus, als sei ihre Karriere zu Ende.

In Paris, Venedig, Österreich und an an- **13 | »Frenchy«**
deren Plätzen in Europa genoss Marlene
Dietrich ihr Leben in Luxus und meist festlicher Laune,
zumindest dann, wenn sie glücklich verliebt war, und das
kam nicht selten vor. Sie stand ständig im Blickpunkt der
Öffentlichkeit, umlagert vom Heer ihrer Verehrer und Be-
wunderer, die vor dem Hotel Lancaster in Paris Posten bezo-
gen, um einmal im Leben dem berühmten Star für ein paar
Sekunden leibhaftig in die Augen blicken zu dürfen. Damals,
in den goldenen dreißiger Jahren, waren die großen Film-
sterne noch Götter, unerreichbar fern für einen gewöhnlichen Sterblichen, in einer anderen Galaxie schwebend. Dass
Marlene gerade keine Filme drehte, interessierte nicht, sie
war ein Weltstar und würde es immer sein.

Rudi Sieber kauft in Österreich ein Haus im Alpenlook, das
aussieht wie aus einem Heimatfilm entliehen, mit grünen
Fensterläden, Geranien, Holztrog, Kuckucksuhr, Scheune
und einer eigenen Kuh. Wenn man nicht gerade dort oder
in Paris lebte, verbrachte der Dietrich-Clan den Sommer an
der französischen Riviera im Hôtel du Cap d'Antibes, einem
schneeweißen Prachtbau, in dem sich die Schönen und die
Reichen jener Zeit einfanden; gleich daneben logierte die
Kennedy-Familie, Jack, Bobby, Rosemarie und alle übrigen.
Mit ihnen freundete man sich an.

Marlene dreht zwar mit »Svengali« keine Filme mehr,
privat sehen sich die beiden aber wieder, als Josef von
Sternberg an die Côte d'Azur zu Besuch und nach Venedig
kommt.

Die beiden speisen gerade am Lido zu Mittag, als ein Herr
mit feinen Manieren an ihren Tisch tritt. Er stellt sich als
Erich Maria Remarque vor, führt sich bei Marlene mit Hand-
kuss ein und wird einen Sommer lang ihr französischer Ge-
liebter. Angeblich gestaltete er dann Joan Madou, die Heldin
seines schönsten Romans, »Arc de Triomphe«, nach Marlenes Ebenbild.

Die Dietrich befürchtet nicht zu Unrecht, dass Hitler bald einen Krieg anzetteln würde, doch ihre Freunde wollen es nicht wahrhaben. Im Juni 1939 verkündet die Weltpresse in einem knappen Text, dass der Filmstar Marlene Dietrich amerikanische Staatsbürgerin geworden sei.

Eines Tages kommt aus heiterem Himmel ein Anruf aus Hollywood. Rudi Sieber nimmt das Telefon ab. Jemand will Marlene persönlich sprechen. Es ist Joe Pasternak, ein Ungar, früher bei der Ufa, nun ein bedeutender Filmregisseur und -produzent bei der Universal. Er bietet Marlene an, eine Hauptrolle in einem Western zu übernehmen. Sie lehnt empört ab.

Als sie am Abend Joe Kennedy, Sternberg und all ihren Freunden davon erzählt und der Vorschlag positiv aufge-

»Destry Rides Again«

nommen wird, dämmert ihr die Einsicht, dass ein Western kein Schuss in den Ofen sein muss. Ihr jugendlicher Partner soll ein damals noch wenig bekannter Schauspieler namens James Stewart sein, »ein zweiter Gary Cooper«, wie Sternberg Marlene aufklärt, »und ein besserer Schauspieler«. Darüber hatte Marlene später ihre eigene Meinung. Die Gage von 50 000 Dollar liegt zwar meilenweit unter dem, was Marlene zuvor verdient hatte, aber sie sagt trotzdem zu.

Damit war das berühmte Saloon-Girl »Frenchy« für den Film *Destry Rides Again* (1939) geboren. Frenchy blieb ihren Fans besonders in Erinnerung, weil Marlene sich in dieser Rolle mit ihrer Rivalin Una Merkel eine fetzige Prügelei mit Boxhieben, Ringergriffen und Haareziehen liefert, ein Ereignis, das in die Westerngeschichte eingehen sollte.

In einer weiteren großartigen Szene steht sie in ihren schwarzen Strümpfen auf der Theke und schmettert mit lauter Whiskystimme das Lied »See What the Boys in the Backroom Will Have«. Frenchy muss allerdings beim letzten Schusswechsel für ihren Helden ins Gras beißen. Nach diesem Film fängt das Publikum wieder an, Marlene zu lieben.

Wenn man so will, beginnt damit Marlenes zweite Filmkarriere, und wieder, wie im *Blauen Engel,* als Tingeltangel-Mädchen, weniger vulgär zwar, dafür augenzwinkernd Revolver schwingend, als würde sie sich über ihre Lola von einst lustig machen. »Das Paar Stewart und Dietrich bildet eine ironische Fassung des Mythos vom ›Gentleman‹ im Westen und der Hure mit dem goldenen Herzen, die beide ihre ›Botschaften‹ auf sehr indirekte Weise vorbringen: er seine ›Gefährlichkeit‹ ... sie ihre Freundlichkeit und ihr Bedürfnis nach dem ›richtigen Mann‹ im überdramatisierten Sex ihres Kostüms.«[24]

Nachdem im Edelwestern treue Frauen bisher ihrem Helden aus dem Fenster nachgewunken hatten, wenn er davonritt, in der Hoffnung, er würde wiederkehren, entdeckte der

Western mit diesem Film Ironie und Sexappeal. Marlene Dietrich bereicherte auch in den folgenden Jahren den Wildwestfilm, so mit *The Spoilers* (1942), in dem sie John Wayne ohrfeigt, oder als weiblicher Gangsterboss in *Rancho Notorious* (1951), wo sie Ganoven Unterschlupf gegen einen Anteil an der Beute gewährt.

14 | C'est moi, Marlene! Als *Destry Rides Again* im November 1939 in New York Premiere feiert, wird der Film ein Riesenerfolg. Marlene ist über Nacht wieder *in* und beim Publikum beliebt. Erst 1947 kommt der Film unter dem Titel *Der große Bluff* auch in die deutschen Kinos.

Diesen Erfolg verdankt sie Joe Pasternak, der an sie glaubte, selbst als sie fast vergessen schien. Er hatte die Filmindustrie herausgefordert und »ein Talent, alle Leute glücklich zu machen. Regisseure wie George Marshall und Tay Garnett unterstützten ihn dabei.«[25] Für *Destry Rides Again* führte Marshall Regie. Marlene drehte noch ein paar Filme unter dem Produzenten Pasternak, keiner hatte jedoch einen ähnlichen Erfolg wie ihr erstes gemeinsames Werk.

Marlene wechselte damit zu Universal, hatte doch ihr altes Studio, die Paramount, sie fallen gelassen, nachdem sie zum »Kassengift« erklärt worden war.

Während Marlene in Hollywood filmte, emigrierte der ganze Dietrich-Clan, Remarque eingeschlossen, nach Amerika. Hitlers Wehrmacht hatte Warschau überrannt und marschierte schon bald die Champs-Elysées hinunter, was unter anderem zur Folge hatte, dass Frankreichs beliebtester Filmstar Jean Gabin seine Heimat verließ und sich in Hollywood von der 20th Century Fox unter Vertrag nehmen ließ.

Gabin war ein Mann, auf den Marlene schon ein Auge geworfen hatte, lange ehe sie ihn persönlich kennen lernte. Als er in Hollywood eintrifft, ruft sie ihn in seinem Hotel an: »Jean, c'est moi, Marlene!« So beginnt eine stürmische Liebesromanze, eine sich über Jahre hinziehende *amour fou*.

Gabin vertraut sich ihr an, und sie trägt gestreifte Jerseys und auf dem Kopf eine Baskenmütze, wenn sie für ihn oder die ganze »französische Kolonie« René Clair, Jean Renoir, Julien Duvivier und deren Freunde köstliche Cassoulets zubereitet. Gabin nennt Marlene »Ma Grande« und sie ihn »Jean, mon amour«.

Natürlich stürzt es Erich Maria Remarque in tiefe Trauer, als Marlene wieder einmal ihr Lied »Ich weiß nicht, zu wem ich gehöre ...« singt. Der Schriftsteller räumt das Feld und zieht nach New York, von wo aus er ihr aber weiter Liebesbriefe schreibt. Auch ihr Cowboy Destry war aus dem Rennen, denn jetzt gehört Jean Gabin ihr Herz, und nur ihm ganz allein. Was diesen nicht daran hindert, eifersüchtig zu reagieren, als ihm Gerüchte über frühere Liebesritter zu Ohren kommen. Zwischen ihm und Fritz Lang muss es wohl ein Gespräch unter Männern gegeben haben. Als Gabin verärgert reagiert, leugnet Marlene eiskalt: »Mit diesem hässlichen Juden? Das kann doch nur ein Scherz sein, mon amour!«

Gabin spielt dann in dem Film *Moontide*, einer düsteren Geschichte um einen Seemann und eine Serviererin, doch obwohl ihm Marlene Sprachunterricht gibt, bleibt sein Amerikanisch so miserabel, dass er damit beim Publikum keinen Stich landen kann. »Im Französischen mochte seine Stimme bei Frauen wohlige Schauer erzeugen, aber auf Englisch hörte er sich bloß an wie ein schlecht gelaunter Oberkellner.«[26]

Damals existierte nahe Hollywood eine Wüstenoase namens »La Quinta«, die als Liebesnest der Stars diente. Man verschwand dort unbemerkt auf ein heimliches Tete-a-tete. Während Gabin, von Marlene getrennt, filmt, schreibt sie ergreifende Liebeslyrik in ihr Tagebuch: »Könnte ich ihm nur ans Herz rühren, nur ganz leicht, dass er mich sähe, wie ich bin ... La Quinta. Mit dem Klang seiner Stimme im Ohr erwachte ich. Seine Stimme erhält mich am Leben, ersetzt seine Arme, seine Schultern ...«

Das alles hinderte Marlene nicht daran, während ihres nächsten Films John Wayne schöne Augen zu machen.

15 | Blumen, Astrologie und Flugangst

Marlene hasste Haustiere, besonders den krächzenden Papagei, den ihr Sternberg eines Tages geschenkt hatte. Auch Hunde, Katzen und ähnliches Getier waren ihr unangenehm. Mit Blumen gab es Probleme, wenn die Spender nicht Bescheid wussten, und die meisten wussten nicht Bescheid. Wenn sie in ihrer Hotelsuite oder im Pullmanwagen mit riesigen Blumenkörben begrüßt wurde, war ihre erste Reaktion: weg damit. »Blumen rauben einem den Sauerstoff«, glaubte sie zu wissen. Besonders Gardenien und Orchideen waren ihr verhasst. Gelbe Rosen bedeuteten das Ende einer Affäre. Tulpen in gemischten Farben gingen gerade noch durch. Die einzigen Blumen, die ihr gefielen, waren Maiglöckchen, Kornblumen, weißer Flieder und verschiedene europäische Wiesenblumen. Oder hellrote Geranien in einem ganz gewöhnlichen Blumentopf.

Marlene liebte schöne Dinge wie Gedichte, Musik, Menschen. »Was die Menschen dachten, war ihr nicht so wichtig, solange sie beim Denken schön aussahen«, bemerkt gehässig ihre Tochter Maria. Die Diva besaß Pelze aus allen Erdteilen, Leopard, alle Fuchsarten, Biber, Hermelin, Zebra. Nur Chinchilla verabscheute sie, das sei etwas für Matronen mit blau gefärbten Haaren.

Marlene hasste das Schwimmen, man sah sie nie im Pool. Und sie konnte nicht Auto fahren. Als sie in dem Film *Desire* in einem Sportwagen durch die Landschaft flitzen sollte, gab es ein kleines Desaster, denn der Regisseur Frank Borzage war ahnungslos. Damals wurden solche Szenen fast immer mit Rückprojektion gedreht, Studioarbeiter rüttelten die Karosserie, die Windmaschine ließ Marlenes Haar flattern, aber sie hatte keinen Schimmer, wie man ein Auto lenkt oder schaltet. Borzage verzweifelte. Dann nahm Marlene heimlich bei einem ihr vertrauten Bühnenarbeiter Nachhilfe im Autofahren, und irgendwie klappte es doch noch.

Als Professor Freud starb, löste das bei Marlene keine große Erschütterung aus, denn sie hielt nichts von der Psychoanalyse – aber viel von der Astrologie. Auch Ärzte mochte sie nicht besonders, im Zweifelsfall waren das alles »Kurpfuscher«. Sie galt als abergläubisch und konsultierte häufig einen Astrologen. Ihr anerkannter Magier auf diesem Gebiet war ein Herr namens Carrol Righter; der sagte ihr einen Unfall bei ihrem Film *The Lady is Willing* (1941) voraus, und tatsächlich brach sie sich einen Knöchel, als sie mit einem Baby im Arm stolperte. In dieser Situation kam ihre preußische Disziplin zum Vorschein, Marlene drehte nach kurzer Pause mit einem Gehgips weiter. Sie studierte die Bewegungen ihres Kollegen Herbert Marshall – mit ihm war sie in *Blonde Venus* aufgetreten –, der ein Holzbein hatte, was aber kaum jemand wusste und was man seinem Spiel nicht an-

merkte. Die Dietrich schwang nun zu ihren Marlene-Hosen einen eleganten Spazierstock, ohne dass sich jemand etwas dabei dachte. Und ihre »Heldentat« wirkte sich günstig auf den Erfolg des Films aus. In Verkehrsfragen erkundigte Marlene sich von nun an jedes Mal bei Carrol Righter nach dem Stand der Sterne und entschied sich erst nach seinem Rat, ob sie per Bahn, Schiff, Flugzeug oder gar nicht auf die Reise gehen sollte.

Links: »Follow the Boys« mit Orson Welles

Nach *Destry Rides Again* drehte sie während des Zweiten Weltkrieges in Hollywood sieben Filme – wenn man *Follow the Boys* (1944) nicht mitzählt, in dem sie nur eine – allerdings brillante – Gastrolle hatte. Diese Filme festigten erneut ihr Image als Superstar, auch wenn sie von unterschiedlicher Qualität waren, und erlaubten es ihr, die Familie zu ernähren. Darunter waren allein drei Western- und Abenteuerfilme mit John Wayne, zu dem sie ein ambivalentes Verhältnis pflegte, und ein Film unter der Regie von René Clair, *The Flame of New Orleans* (1940). Marlene spielte darin eine Doppelrolle mit süßlich französischem Akzent. Ihren Partner Bruce Cabot hat sie als »furchtbar dummen Schauspieler« in Erinnerung, der arrogant war, sich aber keine Textzeile merken konnte. Dazu kam, dass René Clair kaum Englisch verstand, Marlene alle seine Anweisungen übersetzen musste, und das Team ihn hasste. Der Film wurde ein Flop.

»Rancho Notorious«

Marlene arbeitete nach dem Krieg in dem Film *Rancho Notorious* einmal unter der Regie von Fritz Lang. Deutsch hieß der Film *Engel der Gejagten*, und Marlene kam sich während der Dreharbeiten tatsächlich wie von Lang

»Rancho
Notorious«

gejagt vor. Hier trafen zwei autoritäre Charaktere – oder besser: zwei konträre Größen der Filmgeschichte – aufeinander, die sich gegenseitig abstießen. Fritz Lang war unbestritten ein großer Regisseur. Er legte in seinem Drehplan alle Einstellungen vorher genau fest, Bildausschnitt, Kamerabewegung, Lichteinfall, und die Schauspieler mussten sich exakt an seine Markierungen halten, was keinerlei Raum für Improvisation ließ. Marlene hasste seine teutonische Überheblichkeit: »Fritz Lang legte einfach alles, jeden Schritt, jedes Atmen mit einer sadistischen Genauigkeit fest, die Hitler alle Ehre gemacht hätte ... Er führte sich auf wie ein Tyrann.« Wenn ihr Partner Mel Ferrer nicht gewesen wäre, hätte sie mittendrin alles hingeschmissen. Gegen Ende der Dreharbeiten sprach sie mit dem Regisseur kein Wort mehr. Fritz Lang sagte später so unfreundliche Sätze über Marlene wie: »Mit jedem Film wurde sie jünger, bis sie sich schließlich unmöglich machte.«

Da Jean Gabins Filmkarriere in Hollywood nicht in Fahrt kam und er sich in Amerika unwohl fühlte, entschloss er sich, nach Europa zurückzukehren und unter General Charles de Gaulle in der französischen Armee mit zu kämpfen, um sein Land von den Faschisten zu befreien. Marlene, die große Flugangst hatte, bestieg zum ersten Mal in ihrem Leben einen Flieger, um ihren »Jean, mon amour« nach New York zu begleiten, wo sie in seinen Armen einen letzten verliebten Foxtrott aufs Parkett legte. Jahre später sollten sie sich in Paris wieder sehen und gemeinsam einen Film drehen.

Inzwischen war in Amerika der Euro- **16 | Marlene zieht in**
pean Film Fond gegründet worden, der **den Krieg**
sich um Flüchtlinge aus Europa küm-
merte. An dessen Spitze stand Ernst Lubitsch, aber auch Fritz
Lang, Marlene Dietrich, Billy Wilder und andere beteiligten
sich. Es flohen damals hunderte von Künstlern vor den Nazis
nach Hollywood, Schauspieler, Autoren, Regisseure, Komponisten; der Fond organisierte geheime Fluchtwege und Geld-
spenden und verhalf den Emigranten zu Startmöglichkeiten
in den USA. »Dass zahlreiche Regisseure nach Hollywood
gingen, bedeutete einen Gewinn für das amerikanische Kino, der sich besonders im *film noir* auswirkte.«[27]

Für Marlene stand fest, dass sie ihrem Kriegshelden Jean
Gabin bald in den Krieg folgen würde. Zuerst musste jedoch
noch ein Film für MGM, das Glitzerstudio der Garbo, abgedreht werden. Die »Sphinx« hatte sich von der schnöden
Welt schon zurückgezogen. *Kismet* (1944) war ein orientali-
sches Märchen, in dem Marlene ihre berühmten Beine mit
flüssiger Goldbronze bemalte und dabei eine Bleivergiftung
riskierte. Während des Drehs war ihr sterbenselend, und
hinterher verfärbten sich ihre Beine grün, aber sie hielt
durch. Für einen Tag verdrängten »die goldenen Beine der
Dietrich ... die Schlacht von Monte Cassino von den Titelsei-
ten«[28], dann ging wieder alles seinen gewohnten Gang.

Marlene verkaufte wie andere Stars auch Kriegsanleihen
und besuchte verwundete Soldaten in den Krankenhäusern.

Dann war es endlich so weit. Der »preußische Soldat«
Marlene Dietrich zog gegen Adolf Hitler in den Krieg. Sie
schlüpfte in eine Militäruniform, maßgeschneiderte Hosen,
Kampfstiefel und GI-Helm.

Zahlreiche prominente Stars wie Marilyn Monroe oder
Marlene Dietrich wurden damals über den Atlantik nach
Europa oder in den Pazifik an den japanischen Kriegsschau-
platz geschickt, um den amerikanischen Soldaten Mut zu
machen und sie zu unterhalten. Damals entstand auch der

Begriff »Pin-up-Girl«: Von diesen Damen gab es Fotos im knappen Bikini, die sich die GIs in den Spind hängten. Das berühmteste Pin-up war Betty Grable, auch Lana Turner, Jane Russell und Rita Hayworth zählten dazu.

Nun gehörte Marlene zwar nicht zu den Pin-up-Girls, dazu war ihre Oberweite nicht berühmt genug, aber auch sie wagte ihren Einsatz am Fronttheater, das von Abe Lastvogel geleitet wurde. Er stellte kleine Truppen von drei bis fünf Künstlern zusammen und organisierte die »Einsatzpläne« für diese Stars an verschiedenen Frontabschnitten.

Am 14. April 1944 flog Marlene als Truppenbetreuerin mit ihrer Truppe bei stürmischem Wetter nach Casablanca. »Ich kannte diese Stadt nur aus Filmen. Geheimnisvoll, phantastisch, wie ein Bild aus einem vor langer Zeit gelesenen Buch.«[29] In Marokko hoffte sie, ihren Jean wieder zu sehen. Ob es ihr gelang, ist nicht überliefert.

Der Kopf ihrer Truppe war Danny Thomas, ein junger Komiker, jederzeit zu einem Spaß aufgelegt, weiter spielten mit ein Tenor, eine Texanerin, ein Akkordeonspieler – und die sagenhafte Leinwandgöttin Marlene Dietrich, die vor den

GIs ihre berühmten Beine wirbelte und ihre schönsten Lieder sang. »Als Erstes lernt man, sich bei einer Schießerei sofort zu ducken. Alles andere ist einfach ... Ich hatte mehr Angst um meine Zähne als um meine Beine.«[30]

Um Marlenes »Kriegsabenteuer« ranken sich die schillerndsten Legenden. Das Team trat oft an vorderster Linie auf, in Zelten, auf Panzern oder auf improvisierten Bühnen, dabei ratterte es mit dem Jeep mitten durch die Frontlinie. Kugeln und Mörsergeschosse pfiffen ihnen um die Ohren. Einmal wären sie beinahe von den eigenen Soldaten festgesetzt worden, weil sie die Parole nicht kannten.

Marlene musste daraufhin im Hauptquartier bei General Patton antanzen, »seine Stiefel knirschen, sein Gürtel knirscht, er wirkt wie ein für den Dorfplatz zu großer Panzer«[31]. Patton wollte die Filmdiva von der Front weghaben, sie zu Lazarettbesuchen abschieben. Sie sträubte sich, er gab nach. Die Truppe bekam jetzt endlich eine Parole: »Cheesecake«, was im amerikanischen Slang »Beine« bedeutet. Patton überreichte Marlene außerdem eine kleinkalibrige Luger, die sie nach Kriegende als Souvenir behalten wird.

Marlene stand ihren Mann auch in Reims, Paris, Nancy und in den Ardennen. Zu ihren buntesten Kriegslegenden gehört die Geschichte aus der Bastogne, wo die 101. US-Luftlandedivision – mit Marlene – von den deutschen Truppen eingekesselt wurde. Mitten in der Schlacht hat angeblich ein US-General einen anderen davon überzeugt, dass Marlene gerettet werden müsse. Daraufhin sprangen wie durch Zauberei hunderte von Fallschirmspringern vom Himmel, allen voran der jugendliche General James Gavin, bekannt als der kühne »Jumping Jim«, um Marlene aus dem Feuer des Kessels zu holen.

Offensichtlich war Marlene schon vor der Befreiung der Stadt am 19. Februar 1945 in Paris, wie eine Speisekarte aus dem Hotel Claridge mit diesem Datum belegt. Wie sie das geschafft hat, bleibt ein Rätsel.

Später war die Dietrich beim Einmarsch der Army nach Deutschland im Hürtgenwald dabei, obwohl General Omar Bradley alles versucht hatte, um sie davon abzuhalten. Doch die Deutschen nahmen Marlene freundlich auf, schreibt sie in ihren Memoiren, »die Leute auf der Straße dachten nur daran, mich zu umarmen«, baten sie, sich bei den Amerikanern für sie einzusetzen. Ein Mann spendierte ihr sogar eine Tasse kostbaren Kaffees. Marlene sagte, er wisse doch, dass sie auf der anderen Seite stünde. Er: »Ja, aber Sie sind doch der blaue Engel.«

Endlich sah Marlene Berlin wieder. Die Siegessäule, die Schuttberge und die Ruine der Gedächtniskirche. Und sie schloss ihre Mutter in die Arme, die sie schon einige Monate später zu Grabe tragen musste.

Marlene
mit GIs

Marlene landete mit anderen Kriegsteil- **17 | Das Ende von etwas**
nehmern am La Guardia Airport in New
York. Es regnete, und niemand kam zu ihrem Empfang. Sie
hatten keine Dollars, und »wer in den Vereinigten Staaten
kein Geld hat, ist das Hinterletzte, Abschaum der Mensch-
heit«. Marlene konnte einen Taxifahrer überreden, sie und
ihre Freunde mit der Aussicht auf ein fürstliches Trinkgeld
ins Hotel Saint Regis zu fahren. Ein frisches Bad, um den
Dreck des Krieges herunterzuspülen.

Marlene stellte einen Scheck über 100 Dollar aus. Doch
durch einen Anruf bei ihrem Agenten Charles Feldman erfuhr sie, dass sie pleite war. Sie verkaufte ihren Schmuck, um
wieder liquide zu sein.

Die Nachkriegsjahre zwischen Berlin, Paris und Amerika
entpuppten sich als chaotische Zeit für Marlene. In Paris

Mit Jean Gabin
in »Martin
Roumagnac«

wurde ihre große Liebe zu Jean
Gabin auf eine harte Probe gestellt,
die sie nicht bestand. Gabin liebte
das einfache Leben, Marlene den
Luxus. Sie hatte in Berlin sehr en-
gen Kontakt zu »Jumping Jim«,
überhaupt zählten Generale zu ihren bevorzugten Helden.

Doch in ihren Memoiren errich-
tet Marlene ihrem Jean ein zärt-
liches Denkmal. Gabin habe sich
im Krieg durch seine Heldentaten
bei der Panzerdivision von General Leclerc ausgezeichnet, »für ihn
ebenso gefährlich wie ein Sprung
in die Schlangengrube ... (Er) hatte
die Armee nach Kriegsende verlassen und ging seinen Beschäftigun-
gen nach, in einem Paris, das nicht
mehr das war, was er kannte. Sein

neues Leben gefiel ihm nicht. Es wurde Winter. Es begann zu schneien. Er schimpfte auf den Schneematsch ... Er fühlte sich immer noch als Schauspieler ...«, aber es gab nichts zu tun. Für Jean Gabin wie für Marlene und viele andere Menschen war es sehr schwer, nach dem Ende des Krieges wieder ins »normale Leben« zurückzufinden.

Und weiter: »Einer der faszinierendsten Aspekte seiner Persönlichkeit ist diese seltsame Mischung aus Mut und Zärtlichkeit ... Nichts an ihm war falsch. Alles war klar und durchsichtig. Er war gut, stach diejenigen aus, die vergeblich versuchten, es ihm gleichzutun. Aber er war ein Dickkopf, äußerst besitzergreifend und eifersüchtig ... Er war sanft, zärtlich, hatte alle Eigenschaften, die eine Frau bei einem Mann sucht. Ein ideales Wesen, so wie es in unseren Träumen vorkommt. Ich habe ihn verloren, wie man alle seine Ideale verliert, aber erst sehr viel später.«

Die französische Filmindustrie lag am Boden, und wenn ein Film gedreht wurde, dann mit neuen Stars. »Er hatte keine Arbeit. Ich auch nicht. Regelmäßig wurde mir vorgehalten: ›Sie sind zu lange nicht mehr auf der Leinwand zu sehen gewesen.‹ Gabin und ich nahmen diesen Schlag auf dieselbe Weise auf. ›Verdammte Zivilisten‹, tönten wir im Chor.«

Ein Jahr später kehrte Marlene nach Frankreich zurück und drehte mit Jean Gabin den Film *Martin Roumagnac* (1946). Das Melodram spielt in der Provence und lässt sich mit etwas Phantasie als Spiegelbild der verlorenen Liebe Gabin–Dietrich interpretieren: Roumagnac (Gabin), ein Maurer, der es zum Bauunternehmer gebracht hat, liebt die mysteriöse Blanche (Marlene) und baut ihr ein Haus. Als sie ihn verlassen will, erwürgt er sie aus Eifersucht und wird am Ende von einem heimlichen Verehrer Blanches erschossen.

Marlenes große Liebe zu Jean Gabin ver- ## 18 | Das Leben ein Roman
ursachte noch Phantomschmerzen, lange nachdem sie gestorben war. In ihm muss man wohl den einzigen Mann sehen, für den sie sich von Rudi Sieber hätte scheiden lassen, wenn es denn so weit gekommen wäre. Im Februar 1946 schrieb sie an ihre Tochter, »das Leben mit Jean ist sehr schwierig«. Gabin drohte, eine andere zu heiraten, was er später auch wahrmachte.

Erich Maria Remarque veröffentlichte seinen Roman »Arc de Triomphe«, und Marlene erkannte sich wieder: » ... die Liebesszenen sind zu ›literarisch‹ und langweilig, aber es ist eine gute Filmstory, und die Handlung ist spannend, wenn es erst mal richtig losgeht. Er stellt mich schlimmer dar, als ich bin ... «, schrieb sie Rudi Sieber. Der Roman wurde schon 1948 verfilmt, er kam unter dem Titel *Triumphbogen* in die deutschen Kinos. Die Heldin Joan Madou spielte Ingrid Bergman, und sie war sehr ergreifend in dieser Rolle.

In Paris besuchte Marlene Abend für Abend ein Theaterstück mit Gérard Philipe und war von ihm hingerissen. Doch sie fand in Frankreich keine Ruhe, kehrte in ihr altes Studio, zur Paramount, zurück und verwandelte sich in dem Film

Golden Earrings (1946) in eine Zigeunerin. Sie sah hinrei-
ßend echt aus, mit verklebter schwarzer Perücke, barfuß, in
malerische Lumpen gehüllt und mit billigen Klunkern be-
hängt. Ein Kritiker bemängelte allerdings, dass man unter
dem Zigeunerrock die berühmten Beine nicht sehen konnte.

Am 4. Juli 1947 heiratete ihre Tochter Maria erneut, diesmal einen Herrn Riva, mit dem sie allem Anschein nach
glücklich wurde, und machte Marlene zur Großmutter. Dass
das Magazin »Life« sie in einer Titelstory zur »Most Glamor-
ous Grandmother« erklärte, gefiel der Diva nicht so sehr.

Es kam vor, dass Marlene sich auf Partys sinnlos betrank.
Zwischendurch pflegte sie eine Liebesbeziehung mit einem
legendären Baseballstar, der Jahre später Marilyn Monroe
heiratete. Das Kriegsministerium verlieh ihr die höchste
Auszeichnung des Landes, die »Medal of Freedom«.

Als sie sich wieder einmal in Paris aufhält, bekommt sie
Besuch von ihrem alten Freund Billy Wilder, der ihr anbietet,
in seinem neuen Film *A Foreign Affair* (1948) mitzuspielen.
Marlene freut sich zwar, lehnt aber zunächst ab, denn ihre
Rolle als Frau mit Nazi-Vergangenheit, die als Lockvogel be-
nutzt wird, um ihren ehemaligen Gestapo-Freund dingfest
zu machen, ist ihr zu vorbelastet. Dann sagt sie trotzdem zu.
Die Geschichte spielt im Berlin der Nachkriegszeit, und
Marlene tritt in einem zauberhaften Paillettenkleid wieder
einmal als Nachtclubsängerin auf und darf traurig-schöne
Lieder singen wie »Illusions« oder »The Ruins of Berlin«. In
einer sonst eher unfreundlichen Kritik in »Time« hieß es:
»Marlene Dietrich war immer dann am besten, wenn sie in
einer sarkastischen Komödie oder im Glamour der Halbwelt
brillieren konnte.«

1949 fährt die Diva nach London, um unter der Regie von
Alfred Hitchcock eine Rolle in *Stage Fright* (1950) zu übernehmen. Marlene verkörpert einen Revuestar und singt »La
Vie en Rose«. Der englische Krimi in Agatha-Christie-Tradi-
tion spielt im Theatermilieu, ist eine verschachtelte Rück-

blendenstory und nicht der beste Film des Meisters. Marlene Links: »Stage Fright« trägt blonde Löckchen, einen großen Hut und gerät unschuldig in Mordverdacht. Truffaut gegenüber gab Hitchcock zu, dass der Film »kein Ruhmesblatt« für ihn war. Die zweite weibliche Hauptrolle hatte Jane Wyman, die Marlene »süß« fand, mit dem berühmten »Master of Suspense« hingegen konnte die Diva sich weniger anfreunden. Dafür begann sie eine Affäre mit ihrem Co-Star Michael Wilding. Hitchcock bekam Probleme mit Jane Wyman, denn sie verglich sich »jedes Mal mit Marlene Dietrich, und dann fing sie an zu weinen. Sie konnte sich einfach nicht damit abfinden, eine bestimmte Rolle zu spielen, und die Dietrich war wirklich schön.«[32] Der Krimi erhielt den anspielungsreichen deutschen Titel *Die rote Lola*.

1951 startet Rudi Sieber den ernsthaften Versuch, sich von Marlene zu lösen, indem er ein altes Haus im San Fernando Valley in Kalifornien kauft. Dort eröffnet er mit ein paar Käfigen eine Hühnerfarm und steigt ins Eiergeschäft ein. Er ist glücklich, sein eigener Herr zu sein. Rudi und Tami schuften wie die Tiere, aber die Konkurrenz schläft nicht, und bald steht er vor dem Ruin. Marlene muss ihm mit Geld aushelfen, sie übernimmt seine Schulden. Rudi leidet an den Folgen seines zweiten schweren Herzinfarkts, er ist ein geschlagener Mann.

Nicht alle Filme mit Marlene Dietrich wurden Meisterwerke, doch selbst in den schwächeren Streifen verbreitete sie Glanz, Glamour, war *sie* das Meisterwerk. Ab Ende der vierziger Jahre werden ihre Auftritte seltener, wählt sie ihre Filme nach persönlichem Gusto aus. Häufig begnügt sie sich mit einer kurzen Gastrolle, so in den Filmen *Jigsaw* (1949), *Paris When It Sizzles* (1964) oder in *Around the World in 80 Days* (1956). (Die Liste der Gaststars in diesem Jules-Verne-Abenteuer schlägt alle Rekorde. Eine kleine Auswahl: Fernandel spielt einen Droschkenkutscher, Frank Sinatra einen Klavierspieler, Buster Keaton einen Zugschaffner, Luis

Fritz Lang

Miguel Dominguin einen Stier-
kämpfer (himself?), George Raft
einen Rausschmeißer und Marlene Dietrich, wie sollte es anders
sein, eine Barfrau.) Originell ist
ihr Auftritt in *Touch of Evil* (1957),
in dem Orson Welles sie eine me-
xikanische Puffmutter darstellen
lässt. Marlene parodiert sich dabei
auf unnachahmliche Weise mit
verschattetem Blick und heiserer
Stimme selbst. Als Maria Riva später Orson Welles begegnete und sie
ihn danach fragte, wie er auf die
Idee gekommen sei, ihre Mama
eine Bordellmutter spielen zu las-
sen, soll er mit seinem frechen »Kleine-Jungen-Lächeln«
gesagt haben: »Noch nie was davon gehört, dass ein Schauspieler am besten ist, wenn er seinen eigenen Typ spielt?«[33]

In *No Highway* (1951), einem Fliegerabenteuer mit Ab-
sturzturbulenzen, spielt Marlene einen Filmstar. Sie trifft
noch einmal auf ihren »Cowboy« aus *Destry Rides Again;*
doch diesmal darf sie sich mit ihm in ein Happy End verabschieden. *Rancho Notorious* (1951) ist ein üppiger Wildwestfilm in Farbe mit Landschaft und Gesang unter der Regie
ihres Intimfeindes Fritz Lang, in dem Marlene sterben muss,
um ihrem Helden wieder einmal das Leben zu retten. Fritz
Lang: »Ich wollte vor allem zeigen, was aus einer Frau wird,
die einmal eine Königin der Nachtlokale war, und einem
Mann, der einmal ein berühmter Bandit war, aber jetzt nicht
mehr als Held hingeht, weil er zu alt geworden ist und nicht
mehr schnell genug schießen kann ... Außerdem interessierte ein technisches Detail mich noch sehr stark: der Versuch,
einen Song als dramaturgisches Mittel einzusetzen.« Natürlich wurde das Lied von Marlene Dietrich gesungen.

Die amerikanisch-italienische Co-Produktion *The Monte Carlo Story* (1956) ist leichte Kost aus dem Spielerparadies an der Riviera. Marlene als Marquise und Vittorio De Sica als Graf treiben ihr gezinktes Spiel miteinander, was durchaus vergnüglich anzusehen ist. Besonders in Erinnerung bleibt sie als Mörderin in *Witness for the Prosecution* (1957), für die deutsche Aufführung mit *Zeugin der Anklage* übersetzt. In einer großartig gespielten Doppelrolle, einmal als gepflegte Dame und Ehefrau des Angeklagten, dann als schrille Cockney-Lady, führt sie den Anwalt Charles Laughton hinters Licht. Billy Wilders routinierte Regie und brillante Darstellerleistungen machen diesen raffinierten Gerichts-Thriller mit seinem überraschenden Schluss zu einem gelungenen Kino-Krimi-Abenteuer.

»Monte Carlo Story«

Schließlich war Marlene an der Seite von Spencer Tracy in *Judgement at Nuremberg* (1961) zu sehen. Noch einmal soll sie als Deutsche eine Protagonistin des Nazireiches darstellen. Als Witwe eines hohen NS-Offiziers klärt sie Spencer Tracy über ihre preußische Erziehung auf: Wenn sie in ihrer Kindheit am Sonntag mit der Familie einen Ausflug machte, bekam sie keine Limonade, es hieß: »Bezwinge deinen Durst, beherrsche deine Gefühle!« Hier traf sich die Filmfigur mit der realen Marlene. Der Kritiker Friedrich Luft schrieb: »Marlene Dietrich ... hat die vergleichsweise kleine Rolle einer Generalswitwe. Ihr Mann wurde gehenkt. Sie gibt eine glitzernde Figur aus Abscheu, Mitleid, Kälte, Arroganz, Hass und Attraktion. Sie ist wunderbar – Marlene aus dem Buch der Filmgeschichte.«

Marlene wechselt das Fach. Im Frühjahr 1953 startet sie ihre zweite Karriere mit

19 | Welttourneen

einer Wohltätigkeitsveranstaltung zugunsten der »United Cerebral Palsy Organization« im Madison Square Garden in New York. In ihren Memoiren klingt das so: »Berühmte Leute sollten auf Elefanten reiten. Doch das war nichts für mich. Nicht, dass ich irgendetwas gegen Elefanten hätte, aber ich wollte lieber etwas anderes tun. So übernahm ich schließlich die Rolle des Conférenciers ... Ich lernte meinen Text, kündigte die Nummern an, und alles lief hervorragend.«[34] Sie trägt als peitschenknallende »Zirkusdirektorin« enge Samtshorts, sozusagen die ersten »Hot Pants« des Modezeitalters, schwarze Seidenstrümpfe, hochhackige Stiefel, einen scharlachroten Frack und einen glänzenden Zylinder.

Nach dieser gelungenen Conférence wird ihr bewusst, dass es ihr großen Spaß bereitet, »leibhaftig« auf der Bühne aufzutreten und nicht nur als Zelluloid-Göttin im Kino. Sie erhält ein Angebot von Bill Miller aus Las Vegas, der damals das »Sahara« leitete. Also tritt sie als Gesangsstar für die schmei-

Links: »Witness for the Prosecution«

DIE BIOGRAFIE 115

Konzert in
Las Vegas

chelhafte Gage von 30 000 Dollar die Woche in der Glücks-
spielerstadt auf. Mit Erfolg.

Es werden hauteng Kleider für sie entworfen, die Stoffe,
Nadeln, Fäden und Reißverschlüsse kommen aus Paris, das
Material hieß »Soufflé«, hergestellt von Biancini, alles mit
geschmackvollen Stickereien aus Glasperlen, Diamanten,
Spiegelstückchen verziert und von einer schönen Japane-
rin namens Mary in stundenlanger Kleinstarbeit entworfen.
»Dieser Stoff war genauso duftig, wie sein Name es ver-
sprach. Er war genau das Richtige für unsere Zwecke: ich war
angezogen und schien doch nackt zu sein.«[35] Die Legende
sagt, dass Marlene in ihre Kleider regelrecht eingenäht worden sein soll, was sensationell klingt, aber wohl nicht der
Wahrheit entspricht.

Marlene Dietrichs Erfolge in Las Vegas setzten sich später
in den großen Konzertsälen in New York, London, Paris und
vielen anderen Metropolen fort, selbst in Moskau, Kanada
und Australien erntete sie begeisterten Applaus. In ihrem
Nachlass existiert ein Tonband, auf dem sich nichts als Beifall
aus aller Welt befindet.

Bis sie so weit war, sollte noch eine Weile vergehen. Der
erste Erfolg in Las Vegas dauerte vier Wochen. Marlene durfte nicht länger als zwanzig Minuten auf der Bühne bleiben,
danach sollten die Gäste wieder an den Spieltischen ihr
Glück versuchen. Sie sang etwa acht Lieder aus ihren Filmen,
das Publikum applaudierte. Jahr für Jahr kehrte Marlene
nach Las Vegas zurück, verdiente neben der Filmarbeit, die
weniger wurde, gutes Geld, alles schien perfekt.

Nachdem ihr Dirigent sie eines Tages verlassen hatte,
begegnete Marlene einem jungen Mann, »sehr jung, sehr
schön«, mit so faszinierend blauen Augen, wie sie sie noch
nie gesehen hatte. Er hieß Burt Bacharach, und wieder einmal erlebte sie den Glücksfall, auf einen genialen Künstler zu
treffen, dessen Klavier und großartige Arrangements ihre
Musik plötzlich wie aus anderen Sphären klingen, ihre Lie-

der vor Spannung knistern, zu kunstvollen kleinen Miniaturen werden ließ, der es schaffte, aus ihrem nicht sehr großen Stimmumfang das Optimale herauszuholen. Klang ihre Stimme in den frühen Berliner Jahren noch hell und manchmal etwas dünn, so war sie jetzt zu einer rauchigen Altstimme geworden, ein wenig dunkel, heiser und mit einem Hauch von Weltmüdigkeit.

Als er zum ersten Mal in ihre Suite kam, ging Burt direkt zum Klavier und fragte: »Welches Lied singen Sie zuerst?« Bald stand sein Name neben ihrem in Glitzerschrift auf den Leuchttafeln der Lokale, wenn er sie am Flügel begleitete. Las Vegas war damals das Eldorado der Entertainer, Nat King Cole, Peggy Lee, Louis Armstrong, Frank Sinatra sangen dort live, und Marlene fand es prächtig, zu ihnen zu gehören. Aus aller Welt flogen Gäste in das Spielerparadies, um den großen Filmstar leibhaftig auf der Bühne zu erleben. Die nächste Station war dann das »Casino de Paris« in London, eine edle Adresse, Marlene wurde jedes Mal von Berühmtheiten aus dem Showbiz angekündigt.

Dann kam der Tag, an dem Marlene mit Burt Bacharach nicht mehr in Nightclubs auftrat, sondern in den großen Theatern. Sie sang in den Konzertsälen überall in den USA und in Lateinamerika unter nicht endenwollenden Ovationen. Als ihre One-Woman-Show auch am Broadway ein begeistertes Publikum fand, war ihre Weltkarriere als Diseuse nicht mehr aufzuhalten.

Erstmals kam es bei einem Konzert in Wiesbaden zu einem Unfall. Marlene, nur von einem Spotlight angestrahlt, geriet auf der dunklen Rampe zu weit nach links und fiel von der Bühne. Da ihre linke Hand in der Hosentasche steckte, prallte sie mit der Schulter auf den Boden. Es gelang ihr, wieder nach oben zu klettern, doch sie war wie benommen, konnte sich an den Anfang ihres Liedes nicht mehr erinnern. Da erklang mehrmals etwas, das sie zunächst für einen Gong hielt, bis sie begriff, dass Burt Bacharach immer wieder die-

selbe Klaviertaste anschlug, um sie in die Realität zurück-
zuholen.

Marlene hielt die Vorstellung bis zum Ende durch. Im
Krankenhaus erfuhr sie, dass sie sich den *humus* gebrochen
hatte, eine typische Fallschirmspringerverletzung. Marlene
fand es nicht komisch. Ein Gips war angeblich nicht nötig.
Man band ihr den Arm an die gebrochene Schulter, der Bruch
würde von allein heilen, also setzte sie ihre Tournee fort.

Jahre später, 1976 bei einem Konzert in Sydney, stolperte
sie auf der Bühne über ein Kabel und brach sich den Ober-
schenkelknochen. Sie wurde nach Los Angeles geflogen und
operiert, erhielt ein Metallteil in das Schienbein geschraubt.

Unzählige Varieté-Sängerinnen haben Marlene Dietrich
kopiert, keine hat sie je erreicht. Sie hat in vielen Sprachen
gesungen, ihre Songs wurden weltberühmt: »Lili Marleen«,
»Johnny, wenn du Geburtstag hast«, »Nimm dich in Acht vor
blonden Frauen«, »Paff, der Zauberdrachen«, »Die Antwort
weiß ganz allein der Wind«, »Kinder, heut' abend such ich
mir was aus«, »Ich bin die fesche Lola«, »See What the Boys
in the Backroom Will Have« und »When I Was Young«, um
nur einige ihrer berühmtesten Nummern zu nennen. Eine
Kritikermeinung über ihre musikalische Weltreise soll für
alle stehen: »Nichts da von Anbiederung, von Beifallha-
schen, von Einschmeichelei ... Die Show der Dietrich war wie
ein Diamant, blitzend, ohne Einschuss von Kohle. Sie besaß
die kühle Schönheit und Eleganz eines Rolls-Royce.«[36]

20 | Die letzten Jahre in Paris

»Ja, die Emigranten sind nirgendwo zu
Hause. Aber Amerika, die haben mich
aufgenommen. Heimatlosigkeit ist doch
Courths-Mahler. Nein wirklich, bitte, ich habe solche kitschi-
gen Gefühle überhaupt nicht.« Das sind bereits Sätze aus
einem berühmten Film, dem letzten mit und über Marlene.
»Ich schaue mir meine alten Filme nicht an«, behauptet sie,
»nie«. Womit sie sich natürlich wieder einmal in einen ihrer

berühmten Widersprüche verwickelt, denn in ihrer Biografie schreibt sie, dass sie sich durchaus ihre Filme angesehen habe.

Schon während ihre Tourneen sie durch die weite Welt führten, besaß Marlene Dietrich ihren festen Wohnsitz in Paris in der Avenue Montaigne 12. Hier, in ihrer Lieblingsstadt, verbrachte sie ihre letzten Jahre.

Irgendwann versagten die berühmten Beine den Dienst, ein pralles Leben voller Musik, Liebe und Filmruhm neigte sich seinem Ende zu. Die Verletzungen forderten ihren Tribut, dazu Tabletten. Alkohol. Aus. Marlene konnte nicht mehr gehen. Auf die Beschreibung der letzten traurigen Jahre der Diva soll hier verzichtet werden, sie sind in anderen Büchern ausführlich dokumentiert.

In dem Film *Schöner Gigolo, armer Gigolo* (1978) mit David Bowie als Star sang sie noch einmal den Titelsong. Die dürftige Story aus der Weimarer Republik wurde ein inszenatorisches Desaster, Marlene hätte besser auf die Mitwirkung verzichtet.

Dann kam 1982/83 der berühmte Dokumentarfilm *Marlene*. Die Diva weigerte sich zunächst, daran mitzuwirken. Es gab verschiedene Optionen, eine mit Orson Welles als Interviewer, schließlich übernahm Maximilian Schell das Projekt. Marlene kannte ihn von ihrem gemeinsamen Film *Urteil von Nürnberg* und vertraute ihm. Schell dachte an einen Film, der Marlenes Begegnung mit ihrer eigenen Legende festhalten sollte, Marlene hingegen nur an ein Tonband-Interview. Sie wollte sich nicht mehr filmen lassen. Maximilian freute sich, sie wieder zu sehen, wollte ohne ein vorher ausgearbeitetes Konzept mit ihr reden: »Ich finde, dass Marlene mich heute als Persönlichkeit sehr fasziniert, auch als Frau, als Gesicht. Ich finde, dass ihr Gesicht, das früher vielleicht auf viele Menschen maskenhaft wirkte, ganz lebendig und auf ganz besondere Weise schön ist, auch heute noch würde sie vor der Kamera wirken.«[37]

Rechts:
Begegnung
mit der eigenen
Legende:
»Marlene«
von Maximilian
Schell

Marlene war zu diesem Zeitpunkt 81 Jahre alt und geistig noch völlig klar. Die Arbeit entwickelte sich zu einem Schaukampf zwischen Maximilian und ihr. Er hoffte immer wieder, sie würde sich wenigstens damit einverstanden erklären, dass er ihre Wohnung filmt, doch Marlene blieb hart. »I have been photographed to death«, war ihre Begründung, weshalb sie sich nicht filmen lassen wollte. Das Interview wurde auf Deutsch und Englisch geführt.

Marlenes Bedingungen stellten den Regisseur vor große Herausforderungen. Schells Dokumentation ist kunstvoll als Film-im-Film konzipiert, er setzt Bild und Ton kontrapunktisch gegeneinander, in einer Mischung aus Collage und Diary. Maximilian Schell: »Marlene besteht aus Widersprüchen, und das ist es, was ihren Mythos ausmacht.«

Der Film beginnt mit ihrem wahrscheinlich letzten Konzert, in dem sie sich mit bewegter Stimme auf Französisch

OKO-Film Karel Dirka zeigt im Verleih der FUTURA FILM

MARLENE

Ein Film von Maximilian Schell

Drehbuch: Meir Dohnal, Maximilian Schell · Kamera: Ivan Slapeta · Ton: Norbert Lill
Schnitt: Heidi Genée und Dagmar Hirtz · Ausstattung: Heinz Eickmeier
Produktionsleitung: Peter Genée

von ihrem Publikum verabschiedet. Es folgt eine Schwarz-weiß-Szene aus dem Western *Destry Rides Again:* eine wüste Keilerei, Marlene fuchtelt mit einem Revolver herum, sie schlägt wie eine aufgezogene Puppe mit den Fäusten auf James Stewart ein, der ihr geschickt ausweicht, feuert Gläser und Stühle auf ihn, springt ihm auf den Rücken, im Kontrast zu der melancholisch-bewegenden Szene am Beginn mitrei-ßende Action, die Marlene in voller Beweglichkeit als Teu-felsweib zeigt. Dazu als Kommentar ein Interview in Farbe, Marlene in Großaufnahme: »Nein, privat würde ich mich nie schlagen. In den Rollen, ja.«

Immer wieder ist das Filmteam bei der Arbeit zu sehen, am Schneidetisch, in der Diskussion. Man versucht, die Woh-nung der Dietrich, in der Maximilian Schell das Interview aufgenommen hat, nachzustellen, Möbel, Bilder, Bücher und die Räume, die er nicht filmen durfte, um wenigstens die Atmosphäre von Marlenes Wohnung einzufangen. Doch das bleibt Imitation, Scharade, Spiel.

Jemand fragt: »Was ist hier eigentlich echt?« Schell: »Ja, was ist echt? Der Schneideraum, das Tonband, die Filmaus-schnitte, die vielen Fotos.« Und die Stimme Marlenes ist echt. Alles andere wurde von Maximilian Schell arrangiert und inszeniert.

Maximilian Schell provoziert Marlene mit seinen Fragen. In ihren Memoiren bestreitet sie, vor dem *Blauen Engel* Fil-me gedreht zu haben. Während eine Szene aus dem Film *Liebesnächte* (1929) mit Willi Forst läuft, in dem Marlene heftig mit ihrem Partner flirtet, eindeutig eine Hauptrolle spielt, behauptet sie wieder einmal: »Nein, ich hatte keine drei Filme gemacht, ich hatte kleine Eine-Momente, ich bin reingekommen, hab gesagt, ›die Pferde sind gesattelt‹, das kann man doch wohl nicht als Film bezeichnen.«

Marlene berichtet über ihre erste Begegnung mit Rudolf Sieber, der bereits 1976 in Kalifornien auf seiner Farm ver-storben war, und dass man damals in Preußen eben geheiratet habe, wenn man verliebt war und ein junger Mann bei den Eltern um die Hand des Mädchens anhielt. Der Film bebildert diesen Text mit der schrillen Hochzeitsszene aus dem Tingeltangel im *Blauen Engel*.

Die Szene in *Dishonored*, in der sie erschossen werden soll, bezeichnet Marlene als »Kitsch« und kommentiert die Bilder, »ich wusste ja nicht, wie man fällt. Ich war ja noch nie erschossen worden.«

Marlene hatte sich vorgestellt, dass der Dokumentarfilm ihre Karriere als Filmstar anhand von Filmausschnitten und ihrem Interview chronologisch nacherzählen sollte, was natürlich nicht Maximilian Schells Intention war. Sie hatte ihm sogar Vorschläge unterbreitet, welche Szenen aus welchen Filmen er auswählen solle. Zum Schein ging Schell teilweise darauf ein. Man sieht den Ozeandampfer, mit dem sie in Amerika ankommt, den Empfang durch die Presse, Interviews, ihren ersten Film *Morocco*, mit der von Kritikern immer wieder analysierten Szene, in der sie in Frack und Zylinder französisch singt, ein Mädchen küsst und dem Legionär Gary Cooper die Rose zuwirft. Dann fragt Schell: »Finden Sie das aufregend?« Marlene: »Ich bin nicht vertraglich verpflichtet, aufregend zu sein!«

Das Katz-und-Maus-Spiel zwischen Marlene und Maximilian Schell enthüllt mehr über die Diva als jede langweilige Chronologie, vermittelt die Essenz ihres filmischen Werkes, ihrer Haltung, ihres Widerspruchsgeistes, ihres Lebens.

Schell reiht die Highlights aus den Marlene-Filmen nicht ohne Absicht wie ein Archäologe, der besonders schöne Fundstücke stolz vorzeigt, aneinander. Bei der Erstürmung des Zarenpalastes in der *Scharlachroten Kaiserin* macht ihn Marlene auf das dramatische Hufgetrappel der Pferde aufmerksam, und man ahnt, dass Marlene ihre alten Filme gelegentlich anschaut, auch wenn sie es leugnet.

Die Sequenz aus der *Spanischen Tänzerin*, Sternbergs letztem Film mit ihr, der im Original nicht zufällig *The Devil is a*

Woman heißt, präsentiert noch einmal eine furiose Marlene, die ihren alternden Galan, den sie mit einem jungen Schönling betrogen hat, niederschreit: »Du drohst mir? Bist du mein Vater? Bist du mein Ehemann? Bist du mein Liebhaber?« Dann höhnisch: »Du bist mit sehr wenig zufrieden!« Sternberg hatte Marlene verlassen, er war nicht mit »sehr wenig« zufrieden. »Mein Privatleben ist vollkommen getrennt von meinem beruflichen Leben«: Diesen Satz der Diva führt Maximilian Schell ad absurdum. Marlenes Biografie und ihre Filme bilden eine untrennbare Einheit, hinter dem Mythos Marlene lugt immer das »Fräulein Dietrich« hervor.

An ihr Geburtshaus in Berlin will sie sich nicht erinnern. Auch nicht an ihren Vater. Was man nicht kennt, vermisst man nicht, angeblich. Aber ihr Berliner Humor ist noch da. »Gute Zähne hatten wir damals«, sagt sie. »Ich war nicht erotisch, ich war nur schnoddrig. Ich bin ein sehr praktischer Mensch, mich interessiert, was heute ist, die Gegenwart. Aber Sie sind der Träumer«, wirft sie Maximilian vor. »Marlene, sind Sie nie ein Träumer?« »Nein, nie«, behauptet sie. Als sie wieder von Berlin sprechen und Marlene ihre alten Lieder summt, »Untern Linden ...« und »In Schöneberg, im Monat Mai ...«, und wieder und wieder davon schwärmt, wie wundervoll diese Zeit war, zeigt Schell als Kontrast dazu Luftaufnahmen von den Ruinen der Stadt Berlin nach 1945 und die Trümmerfrauen mit ihren Eimern. Dann fragt der Regisseur, wer denn nun der Träumer sei, und sie gibt zu, »Sie haben Recht«, auch sie sei eine Träumerin.

Nein, vor dem Tod habe sie keine Angst. »Man sollte Angst haben vor dem Leben, aber nicht vor dem Tod. Ist doch aus.«

Maximilian Schell hat, während er einen Film in Moskau drehte, offenbar einen letzten Liebesbrief von Marlene erhalten, nachdem er mit ihr während der Arbeit an seiner Dokumentation heftigen Streit hatte. »Geh mal nach Hause und lerne erst Manieren«, soll sie ihn nach dem Tonband-Interview verabschiedet haben. In diesem »Liebesbrief« habe sie sich mit ihm wieder versöhnt.

Marlene Dietrich starb am 6. Mai 1992 in Paris.

Während ihrer letzten Jahre in Paris wurde sie von ihrer Tochter und einem Monsieur Constantin Petru betreut, er war Hausmeister in der Avenue Montaigne 12 und ein glühender Verehrer der Diva. Wie viele andere hat auch er ein Buch über sie geschrieben.

Marlene Dietrich wurde auf eigenen Wunsch auf dem Friedhof in Berlin-Friedenau begraben.

Marlenes letzte Ruhestätte in Berlin-Friedenau

21 | Marlene lebt!

Im Frühjahr 2000, eineinhalb Jahre vor Marlene Dietrichs hundertstem Geburtstag, bringen die TPI Trebitsch Produktion International und die Perathon im Verleih der Senator Film *Marlene* in die Kinos. Das Biopic erzählt die Lebensgeschichte der großen Diva zwischen Berlin und Hollywood, zwischen ihren Rollen als Ehefrau, Liebhaberin und Weltstar. Das Drehbuch schrieb Christian Pfannenschmidt.

Katja Flint

Die Titelrolle spielt Katja Flint, die sich – mit Unterbrechungen – zwei Jahre auf diese Aufgabe vorbereitet hat. Sie hat Bücher verschlungen, Marlenes Filme studiert, ihre Gesten und Blicke eingeübt. Ihre Ähnlichkeit mit der Dietrich ist verblüffend. Wenn Regisseur Joseph Vilsmaier durch die Kamera sah, glaubte er manchmal, Marlene leibhaftig vor sich zu sehen, ihr ironisches Lächeln, ihren kühlen preußischen Charme, ihre sinnliche Aura. *Marlene*, der Film über eine Kinolegende, zeichnet den Weg dieser faszinierenden Frau nach, die zeit ihres Lebens gegen die Einsamkeit kämpfte – einen Kampf, den sie am Ende verlor.

In ihrer Heimatstadt Berlin, im neu entstehenden Viertel um den Potsdamer Platz, gibt es inzwischen auch den Marlene-Dietrich-Platz. Geplant ist außerdem ein Denkmal, eine Weltkugel, auf der die überlebensgroße Marlene sitzen soll.

Wenn die Pläne von Peter Riva, dem Enkel der Diva, wahr werden, soll Marlene digitalisiert und reanimiert werden. Der Enkel der Diva hat die Rechte an die amerikanische Trickfilmfirma Virtual Celebrity Productions gegeben, um seine Großmutter als Trickfigur wiederauferstehen zu lassen. Riva: »Marlene wird dadurch noch 300 Jahre weiterleben.« In einem Filmmuseum soll die wiederbelebte Dietrich erstmals zu sehen sein.

DIETRICH

P1167

Abspann:
M wie Mythos wie Marlene

1 | Marlene Dietrich war eine Jahrhundertgestalt, eine deutsche Symbolfigur. Sie kam in Berlin zur Welt, als der letzte deutsche Kaiser seine Garderegimenter noch unter den Linden paradieren ließ, und sie starb in Paris, nach zwei Weltkriegen und der deutschen Wiedervereinigung. Der einzige Star, der aus dem deutschen Film hervorgegangen ist und zum Weltstar aufstieg, verbrachte den größten Teil seines Lebens im Ausland: in Hollywood, an der Riviera, in Paris und anderswo. Aber begraben liegt Marlene in Berlin.

»Ihr Name beginnt wie ein Liebeslocken und endet wie ein Peitschenknall.«
JEAN COCTEAU

Gerade weil sie lange fern ihrer Heimat lebte, blieb ihr deutsches Wesen resistent, trat es umso klarer hervor: ihre preußische Strenge, die aristokratische Haltung, ihr als Demut kaschierter Hochmut.

Wenn ich heute in Berlin über den Kurfürstendamm gehe, erinnert mich die traurige Ruine der Kaiser-Wilhelm-Gedächtniskirche an Marlene Dietrich, die hier 1923 geheiratet hat, als die imposanten Türme des Doms noch stolz in den Himmel ragten. Hinter der verblichenen Fassade des Gloria-Palastes, in dem einst die Premiere des *Blauen Engel* stattfand, jenes Films, der die Dietrich auf den »Walk of Fame« katapultierte, verbirgt sich heute ein unscheinbares Hotel.

2 | Marlene war von Kopf bis Fuß auf Erfolg eingestellt. Sie sprach nie darüber, sie hatte ihn. Und als er sie einmal verließ, kam er wie durch Zauberhand wieder.

Sie liebte ihr Milieu, die Welt der Schönen, Reichen und viel Bewunderten. Selbst eine Legende unter den Kinogrößen, verkehrte sie mit den Berühmtheiten des Jahrhunderts, mit Hemingway, der sie »Kraut« nannte, mit Chaplin, an dem ihr »seine Eitelkeit, seine Arroganz« gefielen, oder mit Cocteau, der ihr ruhmreiche Girlanden wand.

Marlene hasste die zahlreichen »Biografen«, die Bücher über sie verfassten. Niemand kannte Marlene so gut wie ihre Tochter Maria, ihr sagte sie: »Schreibe ein Buch über mich. Nur du kannst es. Die ganze Wahrheit.« Maria Riva ist eine wachsame Beobachterin, eine Frau mit subtilem Witz und scharfem Verstand. Ihr Buch »Meine Mutter Marlene« wurde eine Huldigung an ihre weltberühmte Mama, aber auch eine Abrechnung, ein Enthüllungsbuch: Es durfte erst nach dem Tod der Diva erscheinen, die Dietrich wollte wohl ein paar unangenehme Wahrheiten über sich nicht erfahren.

Ihre eigenen Memoiren hat Marlene geschönt. Sie war ein Talent im Berlin der zwanziger Jahre, konnte singen, tanzen, spielen, sich in Pose werfen, kalt und verächtlich, eine stolze Beauty. Dann kam Sternberg: »Diesem Lehrer ist eine schöne Frau aufgefallen, er hat ihr Äußeres gestaltet, ihre Reize betont, ihre Mängel kaschiert, er hat sie geformt und zu einer aphrodisischen Erscheinung kristallisiert.«[1] Marlene wird der »Liebling der Saison«, das Teufelsweib, die Shanghai-Lily, sie erobert Hollywood, wird *der* Star unter den Glamourstars.

Ein Menschenleben später hat sie sich lustig gemacht über die modernen Filme, in denen »alles gezeigt« wird, und die gute alte Zeit beschworen: »Wir regten die Phantasie des Publikums in aller Welt an, weckten Träume und füllten die Kinos.«[2]

Maria Riva korrigiert die kleinen »Ungenauigkeiten« in der Darstellung ihrer Mutter. Als Kind habe sie nie so genau gewusst, wie alt sie war. »Marlene konnte mit den Jahren um sich werfen wie mit Konfetti.«[3] Marlene ging mit den Fakten spielerisch um, setzte ihr Leben immer wieder wie ein Puzzle neu zusammen, wie es ihr gerade gefiel. Riva bewundert Marlenes Kunstfertigkeit, mit der sie ihre Unschuld hell erstrahlen ließ, kritisiert aber ihren Narzissmus und ihre Selbstherrlichkeit. Marlene war exzentrisch, arrogant, dominant, duldete keinen anderen Star neben sich, denn: »Meine Mutter hatte eine königliche Ausstrahlung.«

Marlenes geheimnisvolles Lächeln, das sie in ihren Filmen so verführerisch macht, erscheint mir heute forsch und zweideutig, als würde sie sich über uns lustig machen. Versteckt sich hinter diesem Lächeln die amüsierte Pose einer Frau, die auf der Leinwand den »gefährlichen Vamp« spielt, im Leben aber den Tango der Leidenschaften tanzt und die Männer verhext?

Der Filmstar Marlene ist eine Kunstfigur, eine *femme fatale,* und doch mehr als das. Man erinnert sich an den Satz von Peter van Eyck: »Theater ist eine Frage der Kunst, Film eine Frage der Personality.« Marlene wuchs über alle Rollenklischees – »Vamp« oder »Gute Kameradin« – hinaus, wurde zu einer Persönlichkeit: Marlene war ein Gesicht. Eine protestantische Schönheit, konnte sie sich mit Kino-Stereotypen nie anfreunden, war sie der Überzeugung, »dass der altmodische Vamp eine Illusion war ... wichtig ist allein, dass man bei seiner Rolle dem wirklichen Leben treu bleibt.« Unter den Eiscreme-Schönheiten der Traumfabrik war sie die Intellektuelle, eine »Sophisticated Lady«. Deshalb verstand sie auch die Aufregung um ihre Beine nicht: »Ständig meine Beine ... So beginnt der Film *Desire* also mit einer Großaufnahme meiner Beine: Es ist ein hervorragender Film, der sehr gut auf einen solchen Anfang hätte verzichten können.«[4]

Während ihre große Rivalin Greta Garbo von der Leinwand verschwand, als ihr Heiligenschein verblasste, wurde Marlene immer vielseitiger, aufreizender, lebendiger, spielte sie abwechselnd eine Lebedame, eine russische Zarin, den Saloon-Tiger oder eine Generalswitwe. Es schien ihr piepegal zu sein, wen oder was sie spielte, aber wenn es die Rolle erforderte, war sie kalt wie klirrendes Eis, das blonde Gift, die Engelszunge. Während die Garbo ihr Gesicht hinter großen Sonnenbrillen verbarg, prügelte Marlene sich prächtig als Western-Girl Frenchy mit ihrer Konkurrentin um die Gunst der Stunde, eroberte sie die raue Männerwelt mit Gejohle aufs Neue.

Der Reiz ihrer Persönlichkeit, im Film wie im Leben, liegt in ihrer Widersprüchlichkeit. Sieht man hinter die Legende, ist sie schwer zu fassen, entzieht sie sich allen Kategorien. Einerseits setzte sie die Welt in Erstaunen durch ihre aristokratische Haltung, andererseits lebte sie rauschhaft und enthemmt, von allen moralischen Skrupeln befreit, ihre Affären aus. Sie liebte Frauen und umschwirrte Männer, ließ sie fallen, wenn ihr danach war – spielte ihr Spiel als Verführerin, ständig auf der Jagd nach neuen Eroberungen.

3 | Marlene emigrierte 1930 nach Amerika. Eigentlich war es keine Emigration, denn sie ging der Karriere wegen nach Hollywood. Es führte aber kein Weg mehr zurück, denn in der Heimat war inzwischen Hitler an die Macht gekommen, »der grässliche Zwerg«, wie sie ihn nannte.

Die Nazis haben ihr immer wieder das Angebot gemacht, »ins Reich« heimzukehren. Sie hätte die erste Position unter den Stars einnehmen können, wäre zur »First Lady« neben dem »Führer« ausgerufen worden. Doch Marlene verachtete die Faschisten. Sie war eine preußische Soldatentochter, und in der preußischen Tradition galt der Offiziersstand als der erste Stand im Staate. Ihm anzugehören galt als Ehre, verpflichtete zu Haltung, Kultur, Anstand. Das war einer der Gründe, weshalb Marlene Adolf Hitler ablehnte, einen Spießer und plebejischen Marktschreier, größenwahnsinnig, ohne Ehre im Leib, der den Offiziersstand in den Dreck gezerrt hatte.

Marlene zog sich die Wut der Nationalsozialisten zu, als sie die amerikanische Staatsbürgerschaft annahm. Von nun an wurden ihre Filme »im Reich« nicht mehr gezeigt. Später war sie vielen verhasst, als sie im Zweiten Weltkrieg auf Panzern und in Zelten für die US-Soldaten an der Front ihre Lieder sang. Marlene bekleidete den Rang eines Hauptmanns, marschierte mit, um Paris und Berlin von den Faschisten zu befreien. Dass das nun Deutsche waren, dafür »konnte ich ja nichts«, erklärte sie Maximilian Schell.

Als sie 1945 ihre Geburtsstadt Berlin wieder sah, soll sie beim Anblick der Ruinen geweint haben: »Ich fühlte, dass es das Deutschland, das ich liebte, nicht mehr gibt.«

Noch 1960 wurde sie bei ihrem Konzert in Berlin von ein paar Unverbesserlichen als »Verräterin« beschimpft und mit Spruchbändern wie »Marlene go home« niedergeschrien. So ist es nicht weit hergeholt, wenn man konstatiert, dass Marlene das »bessere Deutschland« repräsentiert, oder wie es Karin Wieland ausdrückte, »Marlene Dietrich ist die Stimme, die Hitlers Gebrüll besiegt hat.«[5]

4 | Marlene war im Vergleich zu Greta Garbo die bessere Schauspielerin. Sie musste sich an ihren Rollen abarbeiten – doch letztlich genügte ihre Präsenz auf der Leinwand, ihr Glamour, ihre Personality. Durch alle Wandlungen hindurch blieb sie immer Marlene Dietrich. »Glamour. In welcher Landschaft ist dieses Gesicht zu Hause, in welchen Kostümen und Verkleidungen werden diese Schultern, dieser Gang, das Gesicht zur Eigenschaft und zum Traum? ... Glamour ist Synthese, Natur und Lack. Goldfarbe über Atem.«[6]

Marlene war personifizierter Glamour, die Qualität ihrer Filme spielte eine Nebenrolle. Das Publikum pilgerte nicht ins Kino, um eine blonde Venus oder Shanghai-Lily zu sehen, sondern allein wegen Marlene Dietrich.

Sie hat gute, weniger gute und schlechte Filme gemacht. Zu den schönsten gehören unwiderruflich *Morocco* und *Destry Rides Again*. In dem Western verwandelte sich der mondäne Vamp, der hinter tausend Verkleidungen zu verschwinden drohte, in eine neue Eva, ein wildes Western-Girl, in *Morocco* trug sie die Frivolität und Lockerheit aus dem *Blauen Engel*, mit Hollywood-Flitter verfremdet, zur Schau. Der Schluss des Films hätte die französischen Surrealisten begeistert. »Eine Szene, die symbolisch steht für die Befreiung der Frau aus jahrhundertealten Sitten und Gebräuchen. Sie wird nicht mehr ausgewählt, sie hat den Mut, selbst die Wahl zu treffen. Den Mut, den Instinkt, die Selbstsicherheit – die Schönheit.«[7]

5 | Marlenes Bild im öffentlichen Bewusstsein hat sich im Lauf der Zeit gewandelt. Wurde sie in früheren Jahrzehnten romantisiert, auf den Sockel gehoben, so sieht man sie heute distanzierter, ohne die rosarote Brille.

Herbert Ihering lobte in seiner Kritik vom 2. April 1930 zum *Blauen Engel* den angehenden Vamp: »Sie ist ordinär, ohne zu spielen. Alles ist Film, nichts Theater. Zum ersten Mal kommt eine Frauenstimme im Tonfilm mit Timbre, Klangfarbe, Ausdruck heraus.«[8] Man stilisierte Marlene zu einem »Monument aus Weiblichkeit in Zelluloid ... ihre Gesten wirken ein wenig lasziv. Und ihr Blick tut verschleiert, aber er redet offener, als Worte je könnten.«[9] »Ihre Gestik

ist geprägt von Erfahrung.«[10] Das verweist immer auf eine vorfilmische Vergangenheit. »Festlegungen widersetzt sie sich. Alles, was sie ist, ist sie immer nur vorübergehend.«[11]

Und doch blieb sie immer die Dietrich. Eine Filmkritikerin huldigte ihr zum Geburtstag: »Ach, Marlene! Siebzig Jahre am 27. Dezember? ... Wenn man über vierzig Jahre hinweg sich nur mit seinem Vornamen im Gedächtnis der Welt halten kann, braucht es keine Gedenktage mehr.«[12]

Neue Generationen sind herangewachsen, für die der Name Marlene wie ein fernes Echo klingt, ein fast vergessener Traum der frühen Filmgeschichte, als die Welt noch verschleiert schien und der Kintopp ein Rummelplatz. Die moderne Betrachtung sieht Marlene an einem Schnittpunkt zwischen Vergangenheit und Zukunft, zwischen gestern und morgen. Ihr Bild verwob die Tugenden Preußens mit der Décadence Habsburgs zu einer großdeutschen Illusion in Zelluloid. Die Bilder des Felicien Rops, nach denen Sternberg seine Lola schuf, gehören einer versunkenen Welt an, verweisen aber gleichzeitig auf das 21. Jahrhundert, auf das, was uns dort erwartet. Rops »gibt in seinen Graphiken und Gemälden die Ekstase der Desillusionierung wieder und führt dem Betrachter die Sinnlosigkeit des Begehrens vor Augen.«[13]

Anhang

Filmografie

Stummfilme

So sind die Männer
D 1922. R: Georg Jacoby. D: Harry Liedtke,
Alice Hechy, Marlene Dietrich

Tragödie der Liebe (vier Teile)
D 1922/23. R: Joe May. D: Mia May,
Emil Jannings, Marlene Dietrich (Dietrich
nur in Teil 1 und 2)

Der Mensch am Wege
D 1923. R: Wilhelm Dieterle. D: Alexander
Granach, Emilie Unda, Marlene Dietrich

Der Sprung ins Leben. Roman eines Zirkuskindes
D 1923. R: Johannes Guter. D: Xenia Desni,
Walter Rilla, Marlene Dietrich

Manon Lescaut
D 1925/26. R: Arthur Robison. D: Lya de
Putti, Wladimir Gaidarow, Marlene Dietrich

Eine Dubarry von heute
D 1926. R: Alexander Korda. D: Maria Corda,
Alfred Abel, Marlene Dietrich

Kopf hoch, Charly!
D 1926, R: Willi Wolff. D: Anton Pointner,
Ellen Richter, Marlene Dietrich

Madame wünscht keine Kinder
D 1926. R: Alexander Korda. D: Maria Corda,
Harry Liedtke, Marlene Dietrich

Der Juxbaron
D 1926. R: Willi Wolff. D: Reinhold
Schünzel, Henry Bender, Marlene Dietrich

Sein größter Bluff
D 1927. R: Harry Piel, D: Harry Piel,
Lotte Loring, Marlene Dietrich

Café Electric / Die Liebesbörse
A 1927. R: Gustav Ucicky. D: Willi Forst,
Marlene Dietrich, Fritz Alberti

Prinzessin Olala
D 1928. R: Robert Land. D: Hermann
Böttcher, Walter Rilla, Marlene Dietrich

Ich küsse Ihre Hand, Madame
D 1928. R: Robert Land. D: Harry Liedtke,
Marlene Dietrich, Pierre de Guignand

Gefahren der Brautzeit
D 1928/29. R: Fred Sauer. D: Willi Forst,
Marlene Dietrich, Lotte Lorring.
Im November 1929 unter dem Titel *Liebes-
nächte* zensiert.

Die Frau, nach der man sich sehnt
D 1929. R: Kurt Bernhardt. D: Marlene
Dietrich, Fritz Kortner, Frida Richard

Das Schiff der verlorenen Menschen
D 1929. R: Maurice Tourneur. D: Fritz
Kortner, Marlene Dietrich, Robin Irvine

Tonfilme

Der blaue Engel

D 1929/30. R: Josef von Sternberg.
D: Emil Jannings, Marlene Dietrich, Kurt Gerron, Hans Albers

»Selbst heute wird der Film in erster Linie mit dem Seidenhut, den schwarzen Strümpfen und Strumpfhaltern sowie den teilweise nackten Oberschenkeln Marlene Dietrichs identifiziert, und ihr Auftrittslied ›Ich bin von Kopf bis Fuß auf Liebe eingestellt‹ ist noch immer dasjenige, das am ehesten mit ihrer rauen, einzigartigen Singstimme in Verbindung gebracht wird … Die Rolle der Lola machte aus ihr über Nacht einen Star, während Jannings' typisch schwergewichtige Darstellung, schon damals etwas altmodisch, nicht sonderlich begeisterte.« (*rororo Filmlexikon*, Reinbek 1978)

The Blue Angel (englische Version)

D 1929/30. R: Josef von Sternberg.
D: Emil Jannings, Marlene Dietrich, Kurt Gerron, Hans Albers

Morocco (Flammende Herzen / Marokko)

USA 1930. R: Josef von Sternberg.
D: Gary Cooper, Marlene Dietrich, Adolphe Menjou, Ullrich Haupt

»… vor allem aber leuchtet Marlene Dietrich, der neuentdeckte Star, eine wirkliche (und sehr ungewöhnliche) Persönlichkeit, wie sie auf der Leinwand noch nicht zu sehen war, eine Schauspielerin eben, Symbol filmischen Glamours …« (*National Board of Review Magazine*, November 1930)

Dishonored (X.27 / Entehrt)

USA 1930. R: Josef von Sternberg.
D: Marlene Dietrich, Victor McLaglen, Lew Cody

»In *Dishonored* dominiert die Dietrich. Sie zeigt in diesem, ihrem bisher besten amerikanischen Film, dass sie sich ganz genau kontrolliert, dass sie immer weiß, worauf es ankommt. Man sollte dieser jungen Deutschen in einem großen Film eine Chance geben, denn inzwischen dürfte klar sein, dass sie eine schöpferische Begabung ist.« (*Variety*, Anfang März 1931)

Shanghai Express (Shanghai-Express)

USA 1931. R: Josef von Sternberg. D: Marlene Dietrich, Clive Brook, Anna May Wong

Marlenes »Haar wirkt in besonderer Weise seidig und erhöht durch seine diffuse Konsistenz die prägnanten Formen des Gesichtes. Wie überhaupt der Gegensatz zwischen der impressionistisch flirrenden Umgebung und dem hell ausgeleuchteten Kopf ganz wesentlich ist. Die Skulptur tritt dadurch umso deutlicher hervor, ihre elfenbeinerne Festigkeit wirkt absolut makellos. Entstanden war eine Art Kanon, ein so regelhaft schönes Gesicht, dass Veränderungen kaum noch denkbar sind. In dem heute schon legendären Eisenbahn-Epos *Shanghai-Express* ist das alles vollendet sichtbar, von allen Sternberg-Dietrich-Filmen ist dieser vermutlich der klassischste – in der Einheitlichkeit des Stils wie auch in der Raffung von Stoff und Zeit.« (Klaus-Jürgen Sembach: *Der gehärtete Traum*, 1984)

Blonde Venus (Die blonde Venus)

USA 1932. R: Josef von Sternberg.
D: Marlene Dietrich, Herbert Marshall, Cary Grant

»… steht Marlene Dietrich im Mittelpunkt des Films … ist jede ihrer Posen grandios photographiert; wie selbstverständlich nimmt sie den Film als das, was er ist – Hintergrund für ihr Ego.« (*Cinema Quarterly*, Herbst 1932)

Song of Songs (Das hohe Lied)

USA 1933. R: Rouben Mamoulian. D: Marlene Dietrich, Brian Aherne, Lionel Atwill

»Täglich wartete ich darauf, dass Miss Dietrich auf der Wolke ihrer geheimnisvollen Schönheit hereinschweben würde; endlich kam sie. Ja, sie war schön, aber anstatt auf eine geheimnisvolle traf ich auf eine sehr praktische Frau. ›Warum wollen Sie in diesem albernen Film spielen?‹, fragte sie mich sofort. ›Ich bin dazu vertraglich verpflichtet, außerdem ist Herr von Sternberg gegangen ...‹. Ich war zu verlegen, ihr die schlichte Wahrheit zu sagen, dass *ich* ihretwegen gekommen war.« (Brian Aherne: *A Proper Job*, Boston 1969)

The Scarlet Empress (Die große Zarin / Die scharlachrote Kaiserin)

USA 1934. R: Josef von Sternberg. D: Marlene Dietrich, John Lodge, Sam Jaffe, Louise Dresser, Maria Sieber

»Niemals ist die Dietrich so schön gewesen wie hier. Wieder und wieder wird sie in Großaufnahmen gezeigt, hinter Schleiern, hinter dünnen Netzvorhängen, dass einem der Atem stockt. Niemals aber darf sie wirklich lebendig sein. Sie ist gleichsam wie verzaubert von den gewaltigen Dekorationen, durch die sie schreitet.« (*Variety*, 18.9.1934)

The Devil is a Woman (Die spanische Tänzerin / Der Teufel ist eine Frau)

USA 1934/35. R: Josef von Sternberg. D: Marlene Dietrich, Lionel Atwill, Cesar Romero

»Ich halte *The Devil is a Woman* für das beste Ergebnis der Kombination Sternberg-Dietrich seit dem *Blauen Engel*. Frau Dietrich selbst steigert unter der klugen Anleitung ihres Regisseurs ihre große persönliche Anziehungskraft noch um einige wesentliche Grade ... Beide sind sie Symbol der Absurdität menschlicher Leidenschaften.« (*The New York Times*, 4.5.1935)

Desire (Sehnsucht / Perlen zum Glück)

USA 1935/36. R: Frank Borzage. Künstlerische Oberleitung: Ernst Lubitsch. D: Marlene Dietrich, Gary Cooper, John Halliday

»Marlene Dietrich darf in diesem Film zeigen, dass sie eine Schauspielerin ist, sie darf sogar singen, und was für Erinnerungen an eine billige Tingeltangelsängerin mit schief aufgesetztem Zylinder, die diese raue Stimme wachruft.« (Graham Greene in: *The Spectator*, London, 3.4.1936)

I Loved a Soldier (unvollendet)

USA 1936. R: Henry Hathaway. D: Marlene Dietrich, Charles Boyer, Akim Tamiroff

Garden of Allah (Der Garten Allahs)

USA 1936. R: Richard Boleslawski. D: Marlene Dietrich, Charles Boyer, Basil Rathbone

»Obwohl dieser Technocolor-Film Stellen von atemberaubender Schönheit aufweist – nebst einigen, die nicht so atemberaubend sind – und dazu eine Liebesgeschichte erzählt ... ist diese Neuverfilmung ... schwunglos im Dialog, schwach in der Handlung.« (*The New York World Telegram*, 20.11.1936)

Knight Without Armour (Tatjana)

GB 1936. R: Jacques Feyder. D: Marlene Dietrich, Robert Donat, Irene Vanburgh

»Bei ihrem Kostümkonzept kümmert sie sich weder um das Drehbuch noch um aktuelle Notwendigkeiten, weder um die Situation der Heldin noch um ihr soziales Milieu. Es müssen eben nur ›Marlene Dietrich-Modelle‹ sein.« (*Le Cinema – Notre Métier*, 1944)

Angel (Engel)

USA 1937. R: Ernst Lubitsch. D: Marlene Dietrich, Herbert Marshall, Melvyn Douglas

»Phantasievolle Dreieckskomödie von Lubitsch, schwerelos leicht und hintergründig inszeniert, brillant in den Dialogen, perfekt in der Schauspielerführung.« (*Lexikon des Internationalen Films*, 1987)

Destry Rides Again (Der große Bluff)

USA 1939. R: George Marshall. D: Marlene Dietrich, James Stewart, Charles Winninger

»Schön und verführerisch wie nur je, feiert Marlene Dietrich ein großartiges Comeback als Flittchen in einem Tanzlokal des Wilden Westens. Sie schleicht mit diesem Schlafzimmerblick umher, zeigt ihre berühmten Beine ... singt mit ihrer kehligen Stimme ein paar Blues und tut deutlich dar, dass sie nur auf die Gelegenheit gewartet hat, um zu zeigen, wie gut sie ist.« (*The New York World Telegram*, 30.11.1939)

Seven Sinners (Das Haus der sieben Sünden / Sieben Sünder)

USA 1940. R: Tay Garnett. D: Marlene Dietrich, John Wayne, Broderick Crawford

»Allen voran Miss Dietrich, die sich ein wenig zu verführerisch in den Hüften wiegt, mit den Wimpern klimpert und mit ihren dick bemalten Lippen ein unterkühlt amüsiertes Lächeln hervorzaubert ...« (*The New York Times*, 18.11.1940)

The Flame of New Orleans (Die Abenteuerin)

USA 1940. R: René Clair. D: Marlene Dietrich, Bruce Cabot, Roland Young

René Clair: »Ein amerikanischer Kritiker schrieb, ich hätte es darauf angelegt, Marlene Dietrich zu parodieren. Das stimmt, aber es geschah mit ihrem Einverständnis, nicht gegen ihren Willen.« (Charles Th. Samuels: *Encountering Directors*, New York 1972)

Manpower (Herzen in Flammen)

USA 1941. R: Raoul Walsh. D: Edward G. Robinson, Marlene Dietrich, George Raft

»*Manpower* ist die alte, ewig-neue Geschichte von der Schlagersängerin reinen Herzens, die sich in einem Bumslokal mit dem gefühlvollen, ritterlichen Herrn mittleren Alters, der eine ehrliche Frau aus ihr machen will, einlässt ...« (James Agate: *Around Cinemas, Second Series*, London 1948)

The Lady is Willing

USA 1941. R: Mitchell Leisen. D: Marlene Dietrich, Fred MacMurray, Aline MacMahon

»Der Anblick, wie die grazile Marlene Dietrich ein Baby auf ihrem absichtsvoll ins Bild gerückten Knie schaukelt und voller Mutterliebe gurrt, ist schon ein komischer Widerspruch in sich selbst. Und tatsächlich könnte sich unter bestimmten Voraussetzungen aus dieser Situation ein herrlicher Schwank entwickeln.« (*The New York Times*, 24.4.1942)

The Spoilers (Die Freibeuterin / Stahlharte Fäuste)

USA 1942. R: Ray Enright. D: Marlene Dietrich, Randolph Scott, John Wayne, Margaret Lindsay, Richard Barthelmess.

»Als Saloonwirtin Cherry Malotte setzt Marlene Dietrich die raubeinige Tradition der Mae West fort und trägt Rüschenkleider, die ebenso viel verbergen wie Fischflossen.« (*The New York Times*, 22.5.1942)

Pittsburgh

(lief nicht in den deutschen Kinos)
USA 1942. R: Lewis Seiler. D: Marlene Dietrich, Randolph Scott, John Wayne

Kismet (Kismet)

USA 1943/44. R: William Dieterle. D: Ronald Colman, Marlene Dietrich, James Craig, Edward Arnold

»... noch nie sind die Lockmittel der Dietrich dermaßen ausgeschlachtet worden, selbst wenn sie einen orientalischen Tanz vorzuführen hat.« (*The New York Herald Tribune*, 23.8.1944)

Follow the Boys
USA 1944. R: A. Edward Sutherland. D: George Raft, Vera Zorina, Grace McDonald, Orson Welles, Marlene Dietrich (Gastauftritt)

»Es folgt eine große Überraschung: Ein Zauberkünstler der Spitzenklasse tritt auf, zusammen mit einer wunderschönen Frau, die in zwei Teile zersägt wird, worauf ihre untere Hälfte aus dem Bild tanzt, während ihr Oberteil uns aus den Kulissen zulächelt. Na und, sagt man sich, was soll das? Moment mal: Der Zauberer ist Orson Welles, die Dame immerhin Marlene Dietrich!« (James Agate: *Around Cinemas, Second Series*, London 1948)

Martin Roumagnac (Martin Roumagnac)
Frankreich 1946. R: Georges Lacombe. D: Marlene Dietrich, Jean Gabin, Margo Lion, Marcel Herrand

»Für Marlene Dietrich ist dies ihr erster französischer Film. Das erste Mal spielt die Darstellerin des *Blauen Engels* eine Rolle auf Französisch. Sie beherrscht im Übrigen unsere Sprache vollständig. Vielleicht hat man deshalb den Eindruck, sie nicht ganz wieder zu erkennen. Sie wirkt gehemmter, schwerfälliger als sonst.« (*L'Ecran Français*, 24.12. 1946)

Golden Earrings
USA 1946. R: Mitchell Leisen. D: Ray Milland, Marlene Dietrich, Murvyn Vye, Bruce Lester

»Marlene schminkte sich natürlich selbst und entschied sich für eine sehr dunkle Grundfarbe. Sie schmierte Ruß drüber, den sie so in ihrem Gesicht verrieb, dass es bei der Aufnahme dunkler wirkte als ein schwarzes Loch. Mit ihren Fingernägeln riss sie außerdem so lange Löcher in ihr Kleid, bis ich ihr schließlich auf den Handrücken schlug und sagte, sie solle aufhören ...« (David Chierichetti: *Hollywood Director. The Career of Mitchell Leisen*, New York 1973)

A Foreign Affair (Eine auswärtige Affäre)
USA 1947 / 48. R: Billy Wilder. D: Marlene Dietrich, Jean Arthur, John Lund, Millard Mitchell

»Mit den Schauspielern, die an diesem gelungenen Streich beteiligt waren, muss die Regiearbeit das reine Vergnügen gewesen sein ... Marlene Dietrich fühlt sich wohl in ihrer Rolle, ihrer besten seit zehn Jahren; sie ist ihr offensichtlich auf den Leib geschrieben. Perfekt und präzise spielt sie das amouröse ›Fräulein‹, das auf Nylons scharf ist, und mit ihrer burlesken Komik hat sie die Lacher auf ihrer Seite.« (*Modern Screen*, Oktober 1948)

Jigsaw
USA 1948/49. R: Fletcher Markle. D: Franchot Tone, Jean Wallace, Myron McCormick, Marlene Dietrich (Gastrolle)

»Im Laufe der Handlung treten immer wieder kurz so überraschende Größen auf wie Marlene Dietrich, Burgess Meredith, John Garfield, Henry Fonda und Marsha Hunt. Diese Auftritte sind danach angetan, die Zuschauer zu amüsieren.« (*Harrison Reports*, New York, 12.3.1949)

Stage Fright (Die rote Lola)
USA 1950. R: Alfred Hitchcock. D: Jane Wyman, Marlene Dietrich, Michael Wilding, Richard Todd

»Ein relativ schwacher, weil konventioneller Krimi von Alfred Hitchcock. Einige Rollen sind fehlbesetzt, Spannung entsteht nur selten.« (*Lexikon des Internationalen Films*, Reinbek 1987)

No Highway / No Highway in the Sky (Die Reise ins Ungewisse)

GB/USA 1951. R: Henry Koster. D: James Stewart, Marlene Dietrich, Glynis Hohns, Jack Hawkins

»Marlene Dietrichs philosophisch-gelassener Filmstar, als Mitreisende, ist ein unglaubhaftes Geschöpf. Doch wen ficht das an, wenn die wunderbare Marlene, mit leisem Spott, dafür den einzigen wahrhaften Glanz mitbringt, der Hollywood noch geblieben ist?« (*Time and Tide*, 11.8.1951)

Rancho Notorious (Engel der Gejagten / Die Gejagten)

USA 1951. R: Fritz Lang. D: Marlene Dietrich, Arthur Kennedy, Mel Ferrer, Gloria Henry

»Der Film ist so schrecklich faszinierend wie Marlenes Maskengesicht, wenn sie zerschmetternde Sätze sagt wie »Ich wollte, du könntest weggehen und dann wieder kommen – in zehn Jahren!« (Joe Hembus: *Western Lexikon*, München 1978)

Around the World in 80 Days (In 80 Tagen um die Welt)

USA 1956. R: Michael Anderson. D: David Niven, Cantinflas, Shirley MacLaine, Marlene Dietrich (Gastauftritt)

Montecarlo (The Monte Carlo Story / Die Monte Carlo Story)

USA/I 1956. R: Giulio Macchi. D: Marlene Dietrich, Vittorio de Sica, Arthur O'Connell

»Der Grundgedanke war natürlich, die glanzvolle Dietrich den Millionen, die sie einst auf der Leinwand verehrten, zurückzugeben, wo doch die Nachtlokale, in denen sie auftritt, immer zum Bersten voll sind.« (*Time, New York Atlantic Edition*, 17.3.1958)

Witness for the Prosecution (Zeugin der Anklage)

USA 1957. R: Billy Wilder. D: Tyrone Power, Marlene Dietrich, Charles Laughton

»... bereiten große Darsteller und solide Dramaturgie angenehmen Nervenkitzel.« (Adolf Heinzlmeier / Berndt Schulz / Dieter Erb: *Gong-Lexikon Filme im Fernsehen*, Hamburg 1990)

Touch of Evil (Im Zeichen des Bösen)

USA 1957/58. R: Orson Welles. D: Orson Welles, Charlton Heston, Janet Leigh, Marlene Dietrich

»Anschließend möchte ich noch auf das rasch hingeworfene Bild eines drittklassigen mexikanischen Bordells hinweisen ... mit Marlene Dietrich in brauner Perücke als zigarrenrauchende Puffmutter, die den betrunkenen amerikanischen Polizisten Quinlan (Orson Welles) mit gut gelaunter Nachsicht begrüßt, obwohl eigentlich schon Betriebsschluss ist.« (Herman G. Weinberg: *Saint Cinema*, New York 1973)

Judgement at Nuremberg (Urteil von Nürnberg)

USA 1961. R: Stanley Kramer. D: Spencer Tracy, Burt Lancaster, Richard Widmark, Marlene Dietrich

»Drei Stunden Spielfilm über die deutsche Mentalität unter dem Nationalismus können bei aller Komplexität nicht den Stempel letzter Gültigkeit tragen ... Wie konnte ein Glaube so blind sein, der Hitler an die Macht und dann zu seinen Massenmorden verhalf? Wie gefährdet aber angesichts dieses durch Unmenschlichkeit irrationalen Themas das Kalkül ist, wie unzureichend eine Begegnung im Film, eine wohl gemeinte Absicht des Drehbuchs, beweist die allzu gepflegte Rolle von Marlene Dietrich als Witwe des hingerichteten deutschen Generals.« (Günter Seuren in: *Deutsche Zeitung*, 19.12.1961)

Black Fox / The Black Fox. The True Story of Adolf Hitler

USA 1962. R: Louis Clyde Stoumen. Sprecherin: Marlene Dietrich

»Marlene Dietrich spricht den Kommentar, und die anderthalb Stunden hindurch, die der Film dauert, bildet ihre kultivierte Stimme mit dem deutschen Akzent die denkbar beste Begleitung, bald ironisch, bald bebend vor verhaltener Erregung, dann wieder sachlich kühl.« (*The New York Herald Tribune*, 30.4. 1963)

Paris When It Sizzles (Zusammen in Paris)

USA 1963: R: Richard Quine. D: William Holden, Audrey Hepburn, Grègoire Aslan, Marlene Dietrich (Gastauftritt)

Schöner Gigolo, armer Gigolo

BRD 1977/78. R: David Hemmings. D: David Bowie, Sydne Rome, Kim Novak, Marlene Dietrich, Maria Schell

Marlene

BRD 1982/83. R: Maximilian Schell. Buch: Maximilian Schell, Meir Dohal. Kamera: Ivan Slapeta (Bayerischer Filmpreis 1984)

»Trotz des kunsthandwerklichen Charakters der angestrengt tiefsinnig wirkenden Selbstbespiegelung des Regisseurs ein sehenswertes und aufschlussreiches Porträt.« (*Lexikon des Internationalen Films*, 1987)

Literatur

Aros (= Alfred Rosenthal): Marlene Dietrich. Ein interessantes Künstlerschicksal. Berlin 1932

Bach, Steven: Marlene Dietrich. Die Legende. Das Leben. Düsseldorf 1993

Bemmann, Helga: Marlene Dietrich. Ihr Weg zum Chanson. Berlin / DDR 1986

Dickens, Homer: The Films of Marlene Dietrich. New York 1968

Dietrich, Marlene: Marlene Dietrichs ABC. New York, Avon 1962; deutsche Ausgabe: ABC meines Lebens. Berlin 1963

Dietrich, Marlene: Nehmt nur mein Leben ... Reflexionen. München 1979, 1981

Dietrich, Marlene: Ich bin, Gott sei Dank, Berlinerin. Berlin 1997

Droz, René (Hg.): Marlene Dietrich und die Psychologie des Vamps. Zürich 1957

Erman, Hans: Eine große Dame, Marlene Dietrich. Erfurt 1955

Frewin, Leslie: Dietrich. The Story of a Star. London 1967

Georg, Manfred: Marlene Dietrich. Eine Eroberung der Welt in sechs Monaten. Berlin / Wien 1931

Griffith, Richard: Marlene Dietrich. Image and Legend. New York 1959

Hessel, Franz: Marlene Dietrich. Berlin 1931

Higham Charles: Marlene. Ein Leben – ein Mythos. Reinbek 1978

Kobal, John: Marlene Dietrich. London u. New York 1968

Laserre, Jean: La vie brulante de Marlene Dietrich. Paris 1931

Morley Sheridan: Marlene Dietrich. Frankfurt / M. 1977, 1979

Navacelle, Thiery de: Sublime Marlene. Berlin 1987

Noa, Wolfgang: Marlene Dietrich, Berlin / DDR 1962

O'Connor, Patrick: Der blonde Engel. Eine Bildbiographie. München 1991

Petru, Constantin: Marlene Dietrich Realität. Hamburg 1993

Riva, Maria: Meine Mutter Marlene. München 1992

Seydel, Renate: Marlene Dietrich. Eine Chronik ihres Lebens in Bildern und Dokumenten. Berlin (DDR) / München 1984

Silver, Charles: Marlene Dietrich. New York 1975

Spoto, Daniel: Marlene Dietrich. München 1992

Suchianu, D. I.: Marlene Dietrich. Bukarest 1966

Sudendorf, Werner (Hg.): Marlene Dietrich. Dokumente, Essays, Filme. 2 Bände. München 1977 / 78

Talky, Jean: Marlene Dietrich, femme énigme. Paris 1932

I Have Been Photographed to Death. Marlene Dietrich im Gespräch mit Maximilian Schell. In: Die Zeit, 25.3.1983

Es gibt keine wunderbaren Gesichter mehr. In: Die Welt, 21.4.1987 (Interview mit M. Schell)

Logik macht das Leben leichter. In: Der Spiegel, 17.6.1991 (Interview mit Helmuth Karasek und Helmut Sorge)

Anmerkungen

(Nicht ausgewiesene Zitate beziehen sich in der Regel auf Aussagen von Marlene Dietrich, wenn kein anderer Kontext deutlich wird.)

Aufblende: Die Entdeckung

1 Josef von Sternberg: Fun in a Chinese Laundry, Los Angeles 1965. Deutsch: Marlene wird geschaffen, München 1984, S. 252

2 Wolfgang Jacobsen: Erich Pommer. Ein Produzent macht Filmgeschichte, Berlin 1989, S. 95

3 Josef von Sternberg S. 252

4 a.a.O. S. 252

5 a.a.O. S. 254

6 Marlene Dietrich: Ich bin, Gott sei Dank, Berlinerin, Berlin 1997, S. 78

7 a.a.O. S. 79

8 a.a.O. S. 80

9 Josef von Sternberg S. 256

10 a.a.O. S. 253

11 a.a.O. S. 254

12 a.a.O. S. 257

13 Emil Jannings: Theater – Film. Das Leben und ich. Berchtesgaden 1951, S. 198

14 Marlene Dietrich S. 82

15 a.a.O. S. 114

16 Josef von Sternberg S. 250

17 Siegfried Kracauer: Von Caligari bis Hitler, Hamburg 1958, S. 140

Zwischentitel: Svengali

1 Frieda Grafe: Das Bild Marlene und wie daraus ihr Image wurde, zit. nach Werner Sudendorf: Marlene Dietrich. Dokumente, Essays, Filme. 2 Bde, München 1977/78

2 Jean Renoir: zit. nach Sudendorf

3 Enno Patalas: Sozialgeschichte der Stars, Hamburg 1963, S. 140

4 Gertrud Koch: Erotomania. Männer als Funktionen von Frauen in den Tonfilmen Josef von Sternbergs, Frankfurter Rundschau 30.6.1979

5 a.a.O.

6 a.a.O.

7 Marlene Dietrich: Ich bin, Gott sei Dank, Berlinerin, Berlin 1997, S. 142

8 Grete Weiser ist in diesem Film als Tingeltangel-Sängerin eine Lola-Lola-Kopie, aber ohne Marlenes verruchten Touch.

Spotlight:
Männer umschwirren mich ...

1 Josef von Sternberg: Marlene wird geschaffen, aus: Fun in a Chinese Laundry, Los Angeles 1965

2 Das Zitat wird Käthe Haack zugesprochen.

3 Geza von Cziffra: Kauf dir einen bunten Luftballon, München 1975, S. 150

4 Marlene Dietrich: Ich bin, Gott sei Dank, Berlinerin, Berlin 1997, S. 87

5 a.a.O. S. 252

6 Kenneth Anger: Hollywood Babylon, München o.J., S. 177

7 a.a.O.

8 Maria Riva: Meine Mutter Marlene, München 1992, S. 163

Hauptfilm: Die Biografie

1 Maria Riva: Meine Mutter Marlene, München 1992, S. 11

2 Karin Wieland, Offizierstochter oder: Das bessere Deutschland verkörpern – Marlene Dietrich in Berlin, Frankfurter Rundschau, 16.10.1999

3 Marlene Dietrich: Ich bin, Gott sei Dank, Berlinerin, Berlin 1997, S. 31

4 Maria Riva S. 11

5 Josef von Sternberg: Fun in a Chinese Laundry, Los Angeles 1965. Deutsch: Marlene wird geschaffen, München 1984

6 Marlene Dietrich S. 62

7 a.a.O. S. 67

8 Maria Riva S. 52

9 Marlene Dietrich S. 82

10 Klaus Kreimeier: Die Ufa-Story, München 1992, S. 181

11 Marlene Dietrich S. 99

12 a.a.O. S. 111

13 Maria Riva S. 274

14 Josef von Sternberg a.a.O.

15 Maria Riva S. 125

16 a.a.O. S. 129

17 a.a.O. S. 205

18 a.a.O. S. 237

19 a.a.O. S. 267

20 zit. nach Werner Sudendorf (Hg.): Marlene Dietrich. Dokumente, Essays, Filme. Bd. 2, S. 171

21 Maria Riva S. 386

22 Jacques Feyer / Françoise: Le Cinéma – notre metier, Genf 1944, S. 56

23 François Truffaut: Die Filme meines Lebens, München 1979, S. 59

24 Georg Seeßlen / Claudius Weil: Western Kino, Reinbek 1979, S. 86

25 Marlene Dietrich S. 251

26 Maria Riva S. 580

27 Adolf Heinzlmeier: Fritz Lang, Rastatt 1990, S. 48

28 Maria Riva S. 605

29 Marlene Dietrich S. 279

30 a.a.O. S. 282

31 a.a.O. S. 275

32 François Truffaut: Mr. Hitchcock, Wie haben Sie das gemacht?, München 1973, S. 186

33 Maria Riva S. 765

34 Marlene Dietrich S. 309

35 a.a.O. S. 310

36 Klaus Geitel: zit. nach Sudendorf

37 Marlenes letztes Band, in: Die Zeit 25.3.1983

Abspann:
M wie Mythos wie Marlene

1 Marlene Dietrich: Ich bin, Gott sei Dank, Berlinerin, Berlin 1997, S. 84

2 a.a.O. S. 148

3 Maria Riva: Meine Mutter Marlene, München 1992, S. 30

4 Marlene Dietrich S. 146

5 Karin Wieland: Die Offizierstochter, Frankurter Rundschau vom 16.10.1999

6 Gisela von Wysocki: Metropolitan Lady oder Utopische Masken des Weiblichen, zit. nach Sudendorf

7 Brigitte Jeremias: Vivat Marlene!, Frankfurter Allgemeine Zeitung vom 24.12.1971

8 Herbert Ihering: zit. nach Neue Zürcher Zeitung 24.12.1981

9 Frieda Grafe: Das Bild Marlene und wie daraus ihr Image wurde, zit. nach Sudendorf

10 Werner Sudendorf: Marlene Dietrich, CineGraph-Lexikon

11 a.a.O.

12 Brigitte Jeremias a.a.O.

13 Karin Wieland a.a.O.

Bildnachweis

Register

Das vollständige Drehbuch
von Christian Pfannenschmidt
zu Joseph Vilsmaiers
High-Budget-Film »Marlene«
mit Katja Flint als Marlene Dietrich

Christian Pfannenschmidt/
Joseph Vilsmaier
Marlene. Der Film
160 Seiten, 16 x 23,5 cm
Mit zahlreichen farbigen Fotos
Französische Broschur
DM 28,50/ÖS 208,-/SFr 26,50
ISBN 3-203-84103-7

Mitte der siebziger Jahre in New York.
Während eines Konzertauftritts
stürzt Marlene Dietrich von der Bühne,
verletzt sich schwer und muss operiert
werden. Als sie aus der Narkose erwacht,
erinnert sie sich zurück an das Berlin
der späten zwanziger Jahre, ihren ersten
Film – und auf der Leinwand entsteht
die faszinierende Geschichte eines ebenso
einzigartigen wie einsamen Lebens.

Filmbücher im Europa Verlag
Neuer Wall 10, 20354 Hamburg

 Filmbibliothek
im Europa Verlag

David Thomson
Tote schlafen fest
Mythos und Geschichte
eines Filmklassikers
Ca. 112 Seiten, 16 x 23,5 cm
Mit zahlreichen Abbildungen
Französische Broschur
DM 18,50/ÖS 135,-/SFr 18,-
ISBN 3-203-84105-3

Phillip Drummond
Zwölf Uhr mittags
Mythos und Geschichte
eines Filmklassikers
Ca. 112 Seiten, 16 x 23,5 cm
Mit zahlreichen Abbildungen
Französische Broschur
DM 18,50/ÖS 135,-/SFr 18,-
ISBN 3-203-84104-5

Rüdiger Dirk/Claudius Sowa
Teen Scream
Titten und Terror im neuen
amerikanischen Kino
Ca. 200 Seiten, 16 x 23,5 cm
Mit zahlreichen Abbildungen
Französische Broschur
DM 28,50/ÖS 208,-/SFr 26,50
ISBN 3-203-84106-1

 Filmbücher im Europa Verlag
Neuer Wall 10, 20354 Hamburg